Little Bit of Wicca: An Introduction to Witchcraft
Copyright © 2017 by Cassandra Eason
Cover © 2017 Sterling Publishing Co., Inc.
Todos os direitos reservados

Tradução para a língua portuguesa
© Verena Cavalcante, 2022

Diretor Editorial
Christiano Menezes

Diretor Comercial
Chico de Assis

Gerente Comercial
Giselle Leitão

Gerente de Marketing Digital
Mike Ribera

Gerentes Editoriais
Bruno Dorigatti
Marcia Heloisa

Editoras
Nilsen Silva
Raquel Moritz

Editora Assistente
Talita Grass

Adap. Capa e Proj. Gráfico
Retina 78

Coord. de Arte
Arthur Moraes

Coord. de Diagramação
Sergio Chaves

Designer Assistente
Ricardo Brito

Finalização
Sandro Tagliamento

Preparação
Juliana Ponzilacqua

Revisão
Fernanda Lizardo
Isadora Torres
Pamela P. C. Silva
Retina Conteúdo

Impressão e Acabamento
Ipsis Gráfica

DADOS INTERNACIONAIS DE CATALOGAÇÃO NA PUBLICAÇÃO (CIP)
Jéssica de Oliveira Molinari - CRB-8/9852

Eason, Cassandra
  Manual prático da Wicca / Cassandra Eason ; tradução de Verena
Cavalcante. — Rio de Janeiro : DarkSide Books, 2022.
  128 p.

  ISBN: 978-65-5598-194-0
  Título original: Little Bit of Wicca

  1. Wicca 2. Ciências ocultas 3. Esoterismo 4. Magia 5. Misticismo
  I. Título II. Cavalcante, Verena

22-1233   CDD 229.94

Índices para catálogo sistemático:
1. Wicca

[2022]
Todos os direitos desta edição reservados à
DarkSide® *Entretenimento LTDA.*
Rua General Roca, 935/504 — Tijuca
20521-071 — Rio de Janeiro — RJ — Brasil
www.darksidebooks.com

MAGICAE APRESENTA

MANUAL PRÁTICO DA
WICCA

CASSANDRA EASON

TRADUÇÃO VERENA CAVALCANTE

DARKSIDE

MANUAL PRÁTICO DA

WICCA

SUMÁRIO MÁGICO

INTRODUÇÃO:
VIDA MODERNA E ANTIGA SABEDORIA 7

1 **O ALTAR DA BRUXA** 12

2 **O CÍRCULO MÁGICO** 24

3 **OS CINCO ELEMENTOS** 34

4 **COMO CRIAR FEITIÇOS** 50

5 **COMO FAZER RITUAIS** 60

6 **A DEUSA** 74

7 **O DEUS** 82

8 **RODA DO ANO** 88

9 **COVEN** 96

10 **CORRESPONDÊNCIAS MÁGICAS** 102

ÍNDICE REMISSIVO 122

SOBRE A AUTORA 127

MANUAL PRÁTICO DA
WICCA

INTRODUÇÃO:
VIDA MODERNA E ANTIGA SABEDORIA

A Wicca, também conhecida como "antiga sabedoria", é a expressão prática de um sistema de crenças espirituais adotado por aqueles que trabalham de forma digna e reverente com a magia. Ela é centrada no uso consciente e responsável de poderes naturais, cósmicos e psíquicos, a fim de transformar pensamentos em realidade por meio da elevação, da amplificação, da concentração e da liberação das energias do universo. O termo Wicca é usado para designar a principal religião de bruxaria neopagã baseada nas práticas mágicas antigas. Gerald Gardner foi o fundador do primeiro grupo oficialmente neopagão — nos anos seguintes à revogação dos Atos de Feitiçaria,[*] em 1951, no Reino Unido —, embora, é claro, já existissem bruxas nativas nas Américas, na Europa e em todo o mundo,

---

[*] Os Atos de Feitiçaria foram um conjunto de leis criadas no Reino Unido a fim de regulamentar a magia e punir quem a praticasse. O primeiro Ato de Feitiçaria ocorreu em 1401, durante a Inquisição. (As notas são da tradutora.)

tal como é estabelecido hoje. A palavra "pagão", ou "camponês", originada do romano *paganus*, refere-se às formas naturais de espiritualidade, tanto às organizadas quanto às de caráter íntimo, daqueles que se guiam pelos ciclos e pelas estações do ano, tais como os praticantes da Wicca.

No ambiente doméstico, ao longo dos séculos e permeando várias culturas, sempre foi muito comum que a matriarca da família conhecesse receitas secretas, medicamentos, costumes populares, rituais e amuletos para trazer amor, prosperidade, fertilidade, cura e proteção aos membros da família e do lar. Tais conhecimentos sempre foram transmitidos oralmente de geração em geração. Muitos anciões da Escandinávia e da Europa — e seus descendentes habitantes das Américas, Austrália, Nova Zelândia ou África do Sul — ainda se lembram de suas bisavós fazendo uso da magia como parte das tradições familiares. Há muitas variações da Wicca — e da bruxaria — no mundo, contudo, algumas bruxas não se autodenominam como tal. Muitas delas atuam principalmente como curandeiras ou ecologistas, deixando de lado o título de "praticantes de magia".

Manual Prático da Wicca é um guia para a prática dessa arte, não importando se a leitora é iniciante na feitiçaria ou se já está no caminho e anseie por aprender ainda mais a respeito de seus métodos e estrutura.

QUEM SÃO OS PRATICANTES DA WICCA?

A Wicca pode ser definida como a arte daqueles que buscam e — espera-se — obtêm a sabedoria, e que a partir daí desenvolvem ou comandam cerimônias a fim de celebrar e transmitir energias ao longo do ano.

Há uma vasta quantidade de informações disponíveis sobre as práticas Wicca e suas origens — complexas e fascinantes — que revelam a magnificência e a beleza dessa tradição. Por outro lado, elas também nos mostram o grande sofrimento que os praticantes de bruxaria de séculos anteriores tiveram de enfrentar para manter as tradições wiccanas vivas e em constante evolução. Acima de tudo, a doutrina Wicca não é definida sob rigor, e sim está em constante transformação, pois cada bruxa* contribui para a sabedoria geral com suas experiências e seus conhecimentos. Dessa forma, uma vez que tenha estudado a estrutura básica, você estará livre para — se assim desejar — trilhar seu caminho particular na magia.

Wiccanos podem ser cristãos, budistas, pertencer a qualquer outra religião, ou a nenhuma delas, mas todos, definitivamente, reconhecem a existência de uma fonte superior e constante de bondade e luz.

---

* O pronome "ela/dela" ao se referir aos leitores foi escolhido por uma questão de padronização textual. O caminho da magia é aberto a todos os gêneros, e o próprio princípio do paganismo é de forças complementares que enriquecem a nossa trajetória. (Nota das editoras.)

O QUE É MAGIA?

"Magia" é o nome dado à energia da natureza que é parte da força vital. Como qualquer outro tipo de energia, ela é essencialmente neutra, por isso, ao fazer uso dela, a ética deve ser um elemento essencial. Ao criar cânticos, feitiços e rituais bem-estruturados, podemos manifestar nossos desejos e pensamentos positivos, e assim transformá-los em realidade.

O mundo natural, até mesmo nos rituais mais formais, age como um gerador de energia mágica que pode ser utilizado para amplificar nossos poderes psíquicos. É possível extrair magia de períodos específicos do dia, da semana, do mês e, principalmente, das energias em constante mutação, como as do sol, da lua, dos mares, dos lagos, dos rios, do clima, das flores, das ervas, das árvores e até mesmo dos cristais.

Quando você faz um pedido à magia, deve sempre haver um gesto de gentileza ou de incentivo em troca dele — seja ele direcionado a uma pessoa, a um animal, ou a um lugar que precise desse tipo de oferenda. Dessa forma, os recursos e as energias positivas são constantemente reciclados.

DEDICANDO-SE AO CAMINHO MÁGICO

O termo "dedicação" é usado para definir um compromisso consciente com a Arte, e o voto pode ser feito tão logo o caminho mágico é iniciado ou a qualquer momento da sua jornada, sempre que for necessário relembrar os porquês de sua busca mágica.

No passado, dizia-se que somente uma bruxa poderia conceder o título de bruxa a outra, e respeito aqueles que continuam a crer nessa diretriz. Contudo, cada vez mais, bruxas solitárias têm mostrado o desejo de marcar cerimonialmente o início de seu compromisso espiritual com a magia Wicca e de validar a mudança espiritual positiva que o trabalho com a bruxaria costuma trazer ao praticante.

Caso haja a formação de um grupo de bruxas — chamado *coven* —, cada um de seus membros pode realizar o ritual: encontrem-se dentro de um círculo de árvores e permitam que cada um se movimente no próprio ritmo. Uma vez que cada membro sentir que finalizou seu ritual, ele deve sentar-se silenciosamente sob uma árvore escolhida previamente por todos, e ali aguardar até que o grupo todo esteja reunido. Então levantem-se todos juntos e digam, em uníssono: *Somos o coven dos sábios. Que sempre possamos trabalhar em beleza e santidade como o [diga aqui o nome escolhido para o seu grupo]. Que assim seja!*

Se ainda não houve uma denominação para o grupo ou para si (caso você esteja só), pense em um nome pelo qual você gostaria que a conhecessem no meio Wicca — pode ser sua deidade favorita, seu animal de poder, uma árvore, ou um cristal com significado mágico. Alguns praticantes utilizam suas novas alcunhas na presença de outras bruxas e as pronunciam em voz alta ao se entregar à arte da magia. Entretanto, outros acreditam que o nome jamais deve ser revelado a terceiros, nem mesmo por escrito, pois, ao fazê-lo, você estaria dando aos outros poder sobre sua pessoa. Dizê-lo ou não é uma decisão apenas sua. Acredita-se também que o nome escolhido quase sempre é uma redescoberta de vidas anteriores, nas quais o caminho da sabedoria já foi trilhado.

A jornada mágica pelo mundo da bruxaria é repleta de autodescobertas, equilíbrio, harmonia e, sobretudo, novos olhares. Neste pequeno manual você vai aprender a estreitar o laço entre sua vida moderna e a sabedoria ancestral a fim de identificar a magia que encanta todos os lugares. Vamos começar?

1

O Altar
da Bruxa

MANUAL PRÁTICO DA
WICCA

O ALTAR É O CORAÇÃO DA VIDA DE QUALQUER bruxa. Ainda que você pertença a um coven, onde há a partilha de um altar sagrado coletivo, acredite, ainda haverá o desejo de manter um lugarzinho divino reservado em casa.

O QUE É UM ALTAR?

O altar é qualquer mesa ou superfície plana na qual você deve organizar e expor suas ferramentas mágicas especiais; ou seja, cristais, estátuas, ingredientes para feitiços e ritos, e tudo o mais que seja necessário para sua prática.

Os altares podem ser circulares, quadrados ou retangulares. Geralmente, são posicionados ao Norte do cômodo onde estão localizados, embora também sejam dispostos a Leste em algumas tradições.

Escolha um tecido específico para cobrir seu altar. Você pode escolher uma toalha bordada ou até mesmo de seda. Também é permitido variar de acordo com a mudança das estações ou trocar de cores sempre que necessário, para combinar com cada um dos rituais.

Confeccionando seu Altar com Ingredientes e Ferramentas Mágicas

Independentemente de possuir um altar grande ou em miniatura, você vai precisar de utensílios e ingredientes cerimoniais para realizar magia formal. Use uma bússola ou estime as direções de seu altar e marque quatro pontos equidistantes ao redor dele, representando, assim, os pontos cardeais.

SUBSTÂNCIAS E MATERIAIS RITUALÍSTICOS NECESSÁRIOS

Na lista a seguir, todos os itens essenciais para compor um altar wiccano estarão acompanhados de asteriscos. Você pode incluir os restantes — e o que mais desejar — de acordo com a necessidade de sua prática.

Uma ou duas velas em posições centrais no altar — brancas, cor de creme ou feitas de cera de abelha. Todas as outras velas ritualísticas devem ser posicionadas tendo como referência as velas centrais. Caso você escolha começar com duas velas, coloque-as centralizadas, mas mantenha uma delas mais voltada para a direita e outra mais para a esquerda. Na minha tradição, costumo colocar a vela da Deusa à esquerda e a vela do Deus à direita. (As duas velas representam as energias da Deusa e do Deus, respectivamente. Caso você prefira apenas uma vela central, ela vai simbolizar as energias da Deusa e do Deus de uma só vez.)

Representações do Deus e da Deusa (estátuas). Para trazer equilíbrio, sempre inverto a posição das estátuas em relação às velas que as representam, ou seja, coloco a estátua do Deus à esquerda e a da Deusa à direita, entre as velas centrais. Mas a escolha é sua. Você pode recorrer a representações e a imagens de qualquer cultura ou até mesmo misturar diferentes crenças. Outra possibilidade é usar uma concha grande em espiral para representar a Deusa e um pequeno berrante ou galhada para representar o Deus.

Quatro velas elementais, em cores específicas, localizadas nos pontos cardeais marcados. As cores costumam ser: verde ou marrom para representar o Norte e o elemento Terra; amarelo, roxo ou cinza para representar o Leste e o elemento Ar; vermelho, laranja ou dourado para representar o Sul e o elemento Fogo; e azul ou prata para representar o Oeste e o elemento Água. Como alternativa, você também pode traçar um círculo e colocar essas velas elementais ao redor do perímetro dele ou mesmo na linha central de cada uma das quatro paredes dentro do cômodo no qual você estiver trabalhando. Caso esteja lançando um feitiço simples, você pode colocar no centro do altar um símbolo ou uma oferenda junto à única vela que representa o Deus e a Deusa com suas energias combinadas, e as quatro substâncias elementais sugeridas a seguir.

Um prato de sal representando o elemento Terra, ao Norte do altar.

Um incenso (em qualquer formato: cone, bastão, palito, ou até mesmo em pó), que deve ser queimado em um recipiente com carvão para representar o elemento Ar, a Leste do altar.

Uma vela vermelha, laranja ou dourada, ou, se também estiver usando as velas elementais, simplesmente branca, para representar o elemento Fogo, a Sul do altar.

Uma tigela de água com essência de rosas ou de lavanda para representar o elemento Água, a Oeste do altar.

FERRAMENTAS MÁGICAS WICCANAS

Destaquei com um asterisco quatro das principais ferramentas utilizadas tradicionalmente em rituais wiccanos mais formais. Os outros itens também podem ser somados aos rituais, mas não são indispensáveis.

*Athame/Punhal cerimonial

Este objeto deve estar sempre no canto ao Leste do altar, à direita do incenso, pois também representa o elemento Ar. Algumas tradições wiccanas começam os rituais ao Leste, e não ao Norte, então o athame passa a presentar o elemento Fogo a Sul do altar. Entretanto, a lâmina — que corresponde ao naipe do Ar no tarô — me parece mais natural se estiver posicionada ao Leste.

Esse tipo de punhal tem, tradicionalmente, cabo preto e lâmina de dois gumes, porém a lâmina de um só gume é mais segura. É possível adquiri-lo em lojas especializadas em artefatos mágicos. Outra opção é apenas comprar uma faca ornamental em uma loja de souvenires, em um bazar de antiguidades, em lojas de equipamentos de caça ou, ainda, usar um abridor de cartas. Este último, inclusive, é o ideal para um altar em miniatura.

Espada

A espada é uma versão mais elaborada do athame e deve ser sempre reservada a cerimônias de grande escala ou a eventos ao ar livre. Assim como o punhal, a espada deve ser posicionada a Leste do altar (ou a Sul nas versões alternativas da tradição), à direita do incenso (assim como seria com o athame). Se estiver a Leste, também funcionará como ferramenta do elemento Ar.

As espadas podem ser usadas para desenhar círculos mágicos no solo da floresta, na terra ou na neve (minha opção favorita). Elas também são uma ferramenta para receber os Guardiões — os protetores dos quatro pontos cardeais — em rituais formais. Os Guardiões também podem ser denominados Quatro Arcanjos, Quatro Deidades, Quatro Animais do Poder, ou também Espíritos Elementais, representando as quatro forças da natureza: Água, Terra, Fogo e Ar.

É possível obter réplicas de espadas cerimoniais facilmente. Museus militares costumam vender versões ornamentadas delas, sem que o gume esteja amolado para corte.

*Cálice

O cálice, ou "taça ritual", representa o elemento Água e deve ser sempre colocado a Oeste do altar, à direita da tigela com água. Em um altar em miniatura, o cálice pode fazer o papel da tigela.

O punhal, a espada ou a varinha são mergulhados cerimonialmente dentro do cálice para simbolizar a união das energias do Deus e da Deusa, o clímax ritualístico (especialmente em rituais de amor).

O cálice também é um elemento central na cocção de bolos sagrados e ritos da cerveja que ocorrem ao fim de cerimônias formais e, nesses casos, costuma ser preenchido com vinho tinto ou suco de frutas abençoados, e deve ser passado ao redor para que todos do grupo bebam, ou, então, ofertado por meio da Alta Sacerdotisa (que representa as energias da Deusa). O cálice é tradicionalmente feito de prata, mas você também pode usar cristal, aço ou estanho. Esses elementos correspondem ao naipe do elemento Água no tarô.

*Pentáculo/Pentagrama

O pentáculo — composto por uma estrela de cinco pontas desenhada dentro de um círculo — é um símbolo da Terra e costuma ser posicionado a Norte do altar.

O pentáculo pode ser encontrado de forma avulsa, porém o mais comum é que esteja pintado em um disco ou prato arredondado. Já o pentagrama (a estrela de cinco pontas que está no meio do pentáculo) funciona como um instrumento de proteção ou de poder, dependendo de que lado for desenhado, e pode ser usado de maneiras diferentes em cada ritual.

Você pode comprar em qualquer loja de produtos esotéricos um prato decorado com um pentáculo, podendo ser feito de metal, madeira ou barro, ou pode pintar seu próprio pentagrama em vidro ou em um prato de cerâmica. Se preferir, pode até mesmo traçar um símbolo invisível, invocando ou atraindo a imagem do pentagrama sobre qualquer superfície, utilizando sempre o dedo indicador da mão com que você escreve (nos capítulos seguintes você verá um exemplo de como fazer tal invocação ou atração).

Essa ferramenta corresponde ao naipe do elemento Terra no tarô — representado pelo símbolo de ouros ou pelos pentáculos.

*Varinha

Em muitas tradições, a varinha é um símbolo do elemento Fogo e deve ser colocada a Sul do altar, à direita das velas. Varinhas podem ser compradas em lojas esotéricas ou de vendedores on-line, porém, se possível, tente manuseá-las antes da aquisição para ter certeza de que escolheu o modelo certo para você. Outra opção para a varinha tradicional é um bastão de quartzo transparente, que deve ter uma ponta afiada e outra arredondada.

Embora as varinhas, em sua maioria, sejam tradicionalmente feitas de madeira, elas também podem ser confeccionadas com metal, especialmente cobre. Entretanto, se não encontrar a varinha certa em lojas on-line, você pode confeccionar a sua. A varinha é uma ferramenta para encantar ou encher um símbolo de poder durante um ritual, desenhando círculos imaginários acima dele (em movimento horário para atrair energias positivas; e em movimento anti-horário para banir energias negativas). Ela também pode ser utilizada para reunir ou liberar poder mágico.

Sino

O sino deve ficar a Norte do círculo, à direita do sal, e é um símbolo do elemento Terra. Prefira um exemplar prateado ou dourado, ou um par de sinos tibetanos que você possa chocar um contra o outro. O sino costuma ser soado nove vezes, no começo e no fim de cada ritual, enquanto permanece ao Sul do círculo, encarando o Norte, ou posicionado em cada um dos quatro pontos cardeais usados para invocar os Guardiões.

Caldeirão

O caldeirão é basicamente uma panela de ferro com três pernas. É um dos itens mais versáteis da magia, pois pode ser colocado no centro de um grande espaço, tanto no interior dos ambientes quanto ao ar livre, em sua verdadeira posição elemental, a Norte. Em rituais informais, ele pode assumir o cerne do ritual no lugar do altar, o que funciona perfeitamente bem ao ar livre.

Caldeirões podem ser comprados em lojas esotéricas ou em lojas de antiguidades. E se você der uma boa olhada em estabelecimentos que vendem utensílios de cozinha ou de jardinagem, pode ser que encontre caldeirões sendo vendidos sob outra alcunha.

POTENCIALIZANDO E PURIFICANDO AS FERRAMENTAS CERIMONIAIS

Antes de usar o altar pela primeira vez, você deve consagrá-lo. Esse ritual de consagração também vai revestir suas ferramentas mágicas de poder — basta que estejam posicionadas corretamente no altar desde o início do ritual. Daí em diante, sempre que você comprar uma nova ferramenta, basta colocá-la no centro do altar, assim ela será potencializada durante qualquer ritual formal que você realize.

PASSO 1: Preparando o Altar

Certifique-se de que seus ingredientes e suas ferramentas mágicas estejam nos lugares corretos no altar. Acrescente um recipiente com um pouco de perfume. Coloque-o ao Sul do espaço sagrado. Você pode usar qualquer fragrância para purificação, como rosa, lavanda, sândalo ou até mesmo água de rosas e água de lavanda.

PASSO 2: Dando Início ao Ritual

Toque o sino em cada um dos quatro pontos cardeais, começando pelo Norte e seguindo em sentido horário, depois retornando em sentido anti-horário até voltar ao ponto de partida.

Acenda a(s) vela(s) do altar, da esquerda para a direita e, por fim, a vela elemental ao Sul, recitando o seguinte cântico para cada uma delas: *Que a luz ilumine e o fogo purifique este altar. Dedico este altar e meu trabalho ao bem maior e às mais puras intenções.*

Agora posicione as tigelas com água e sal em frente às velas do altar, deixando-as lado a lado, o sal à esquerda.

Usando um punhal prateado ou o athame, desenhe uma cruz na superfície do sal, podendo ser uma cruz equilátera ou uma cruz na diagonal, enquanto pede para que os anjos, a Deusa e o Deus, ou sua deidade favorita, abençoem o sal e o seu ritual.

Mexa a água três vezes, em sentido horário, com o mesmo punhal, pedindo novamente para que os anjos, a Deusa e o Deus, ou sua deidade favorita, abençoem a água e o seu ritual.

Adicione três pitadas de sal à água, girando a tigela três vezes em sentido horário, três vezes em sentido anti-horário, e mais três vezes em sentido horário, pedindo mais uma vez para que os anjos, a Deusa e o Deus, ou sua deidade favorita, abençoem o sal e a água, agora sacramentados, e o seu ritual.

Pingue algumas gotas da salmoura sacramentada em cada um dos quatro pontos cardeais do altar, dizendo a seguinte frase antes de começar: *Que o poder da água e da terra potencialize e purifique este altar. Dedico este altar e meu trabalho ao bem maior e à mais pura das intenções.*

Agora borrife um pouco de salmoura sacramentada sobre cada uma de suas ferramentas mágicas, caminhando em sentido horário ao redor do altar, e entoando: *Que o poder da água e da terra potencialize e purifique esta [diga qual é a ferramenta]. Dedico este altar e meu trabalho ao bem maior e à mais pura das intenções.*

Em seguida, use as velas para acender o incenso ou polvilhe o incenso em pó no carvão em brasas colocado sobre o recipiente selecionado para cumprir essa função.

Começando pelo Leste e seguindo em sentido horário, faça espirais com a fumaça sobre os quatro pontos cardeais do altar, abanando o ar com a mão ou com uma pena caso esteja usando incenso em pó ou em cone. Recite antes de começar: *Que o poder do céu potencialize e purifique este altar. Dedico este altar e meu trabalho ao bem maior e à mais pura das intenções.*

Espalhe a fumaça sobre cada uma das ferramentas, em sentido horário, dizendo: *Que o poder da água e da terra potencialize e purifique esta [diga qual é a ferramenta]. Dedico este altar e meu trabalho ao bem maior e à mais pura das intenções.*

Na sequência, pegue o recipiente com perfume e, começando do Sul e seguindo o sentido horário, borrife algumas gotas em cada um dos pontos cardeais do altar, entoando: *Que o poder desta fragrância potencialize e purifique este altar. Dedico este altar e meu trabalho ao bem maior e à mais pura das intenções.*

Borrife perfume sobre cada uma das ferramentas, ainda mantendo o sentido horário, dizendo: *Que o poder da água e da terra potencialize e purifique [diga qual é a ferramenta]. Dedico este altar e meu trabalho ao bem maior e à mais pura das intenções.*

Quando tiver terminado, apague a vela da Deusa e depois a vela do Deus e, por fim, a vela do elemento Fogo, ao Sul, que espalhará luz sobre o altar, sobre as ferramentas e sobre você mesma, e entoe: *Que meu altar e minhas ferramentas mágicas sejam abençoados. Consagro-os, e consagro a mim mesma, ao bem maior e à melhor das intenções, desejosa de curar a todos e não machucar ninguém. Que assim seja.*

Toque o sino de cada um dos pontos cardeais, agora começando a Oeste e seguindo em sentido anti-horário até chegar ao Norte, então retorne em sentido anti-horário até o ponto de partida. Então diga suavemente: *Que as bênçãos cresçam. Que assim seja. Assim termina este ritual.*

Sente-se em silêncio, se possível na escuridão, respirando profundamente a fragrância residual, e unte seus principais pontos de energia — o centro da linha de início do couro cabeludo, sua testa, a base da sua garganta, a parte interna dos pulsos — com gotas de perfume do recipiente colocado no altar. Diga: [para a linha do couro cabeludo] *Acima de mim a luz*, [para a sua testa] *dentro de mim a fragrância*, [para a sua garganta] *e que eu possa falar francamente* [para cada pulso] *sobre o amor que reside no meu coração.*

Deixe o incenso queimar e agradeça às deidades ou anjos aos quais você dedicou seu ritual de consagração do altar e das ferramentas.

Se possível, deixe tudo exatamente no mesmo lugar por 24 horas e só então elimine o sal, a água com a essência, o perfume e a salmoura sob água corrente, organizando e limpando o que for preciso.

PASSO 3: Purificando suas Ferramentas Mágicas e seu Altar após um Ritual

Desenhe espirais com um pêndulo de cristal transparente sobre cada uma das ferramentas e sobre cada um dos pontos cardeais no altar, fazendo nove círculos em sentido anti-horário sobre cada um.

Coloque o pêndulo em água corrente fria para purificá-lo, depois balance-o até secar. Movimente o pêndulo nove vezes em sentido horário, desta vez, primeiro sobre cada artefato, depois sobre os quatro pontos cardeais, então, por fim, ao centro do altar de novo, a fim de restaurar todas as energias.

Finalmente, lave o pêndulo em água corrente.

2

O Círculo Mágico

MANUAL PRÁTICO DA
WICCA

O CÍRCULO, SEJA ELE TRAÇADO DE FATO OU criado de maneira simbólica, é a marca do mundo sobrenatural onde não existem restrições de tempo e espaço. Nele, os quatro elementos devem ser combinados para criar a energia e a substância mágica que denominamos Éter, ou Akasha, por meio da qual os pensamentos podem se tornar realidade no mundo material.

Dentro do círculo também se concentram: as deidades; os anjos; os quatro Guardiões Elementais das Torres de Observação, como são designados os quatro pontos cardeais do círculo; os ancestrais; e as essências da natureza. O círculo é uma extensão sagrada do altar.

Sendo ele próprio um espaço de poder, o círculo exclui quaisquer energias negativas do cotidiano. Por estar trabalhando com poderes espirituais, sua presença também impede que qualquer coisa que não seja benigna adentre aquele lugar sagrado, no qual você estará sob um momento de abertura espiritual e, portanto, vulnerável.

PREPARAÇÃO PARA TRAÇAR O CÍRCULO

Se estiver realizando um ritual formal, o costume pede que você se banhe antes, acrescentando sal ou óleos essenciais à água, e que se vista com uma túnica ou uma toga confortável de uso específico para o ritual. Caso esteja com pressa, besunte seus quatro pontos energéticos centrais com as fragrâncias tal como descrito no capítulo anterior.

Se o ritual exigir defumação, você deve se purificar, e também purificar a área onde o círculo será traçado, com antecedência. Faça isso *antes* de tomar banho ou de untar seus chacras com a fragrância ou óleos essenciais.

Alternativamente, o lugar onde você vai traçar seu círculo pode ser varrido, ou você também pode molhar com água as pontas de um pequeno galho e sacudi-lo pelo local. Tenha uma vassoura dedicada apenas para esse propósito — se for do tipo natural, feita artesanalmente, melhor ainda. A vassoura natural é, em geral, composta por diversos galhos amarrados ao redor de um cabo.

Também é possível purificar a área movimentando suas mãos em círculos anti-horários ao mesmo tempo que caminha em círculos cada vez maiores, também em sentido anti-horário, ao redor da área destinada ao ritual, especialmente se o solo for frágil e delicado.

Tocar um sino comum ou sinos tibetanos enquanto caminha em círculos anti-horários também é um método bastante utilizado para a purificação.

Marque o centro do seu círculo. Colocar seu altar ali é uma boa ideia, caso você esteja orquestrando uma cerimônia focada nele, pois assim ele receberia diretamente o poder concentrado do eixo central. Outra opção é colocar o altar a um terço do caminho, na direção Norte, da área planejada para traçar o círculo.

DE QUE TAMANHO ELE DEVE SER?

O círculo, sempre traçado em sentido horário, deve ser grande o suficiente para conseguir circundar você, as pessoas que estiverem acompanhando o ritual e as ferramentas mágicas utilizadas.

Círculos tradicionais têm, em média, quase três metros de diâmetro, mas não há uma medida exata. Se houver várias pessoas dentro do círculo, por exemplo, e houver pretensão de dançar, de se movimentar ou até mesmo de se posicionar em cada um dos pontos cardeais para recepcionar os Guardiões, então o ideal seria criar um círculo com diâmetro maior. Siga seus instintos. É sempre melhor ter um círculo mais amplo do que um círculo pequeno demais. Com o passar do tempo, você vai deixar de se preocupar com as medidas e saberá o tamanho certo. Se estiver realizando uma cerimônia maior, por exemplo, como para celebrar a mudança de estações, precisará convidar um número maior de pessoas e, portanto, traçar um círculo grande o suficiente para todos.

Para se guiar, coloque quatro pedras lisas em pontos estratégicos para demarcar a circunferência com antecedência. Você também pode colocar velas nesses pontos cardeais (todas brancas, feitas de cera de abelha, ou mesmo tochas).

TRAÇANDO CÍRCULOS EM RITUAIS

Nas tradições mágicas nórdicas, os círculos geralmente são traçados de Norte a Norte, mas, caso prefira, não há problema em começar pelo Leste.

Independentemente da forma como o círculo for traçado, mesmo que não seja você a pessoa a desenhá-lo (no caso de um ritual coletivo, por exemplo), visualize um círculo de luz acompanhando o traçado conforme ele é desenhado. Isso vai fortalecer o círculo e criará uma conexão profunda entre vocês.

Se for você a pessoa designada a traçar o círculo — seja de forma física ou apenas por meio de visualização —, primeiro extraia luz e energia de seu corpo a partir do seu chacra básico até o seu chacra coronário. Desse modo, você vai entrar em contato com o seu poder mais facilmente.

Imagine uma luz inundando tudo à sua volta: vermelho vindo da terra e subindo até o seu chacra básico; prateado ou laranja descendo da lua até o seu chacra umbilical; amarelo irradiando do sol até sua barriga para atingir o plexo solar; verde vibrando da natureza para o coração; azul-celeste emanando dos anjos para a garganta; índigo ou roxo dos arcanjos ou dos Guardiões Elementais para o chacra frontal; e branco, dourado ou violeta provindo das deidades para o seu chacra da coroa ou coronário.

Visualize todas essas cores do arco-íris se transformando em uma luz branca dentro de você e depois irradiando.

Balance os dedos de leve e, caso não consiga vê-los brilhando, sem dúvidas, poderá sentir que eles estão cintilando.

Antes de traçar o círculo, também é preciso dar sua benção de abertura, parando no centro dele e se virando devagar, em todas as direções, enquanto entoa as palavras. Esse ato, às vezes, é referido como "chamado ao ritual", e pode ser substituído pelo soprar de uma corneta, pelo uso dos sinos tibetanos ou dos sinos convencionais para emitir som. Algumas pessoas iniciam seus rituais lendo um poema autoral ou usando o tradicional Livro das Sombras, um livro especial no qual toda bruxa deve relatar seus rituais e associações mágicas.

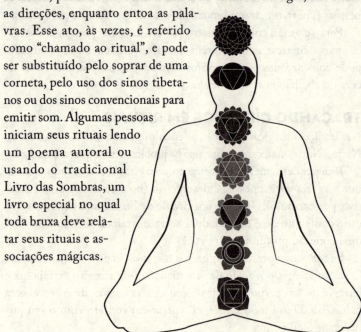

CRIANDO UM CÍRCULO FÍSICO

Antes de um feitiço ou de um ritual, você pode criar um círculo permanente utilizando pedras, conchas e cristais. Caso esteja em um ritual coletivo, você pode construir um círculo utilizando ervas, flores ou galhos. As pedras utilizadas para marcar o círculo não precisam estar conectadas entre si, mas devem, pelo menos, dar o contorno. Esse círculo deve ser imbuído de poder antes do início de qualquer feitiço ou ritual.

Você também pode pintar um círculo no chão de um cômodo que seja comumente utilizado para fins mágicos e cobri-lo com um tapete grande. Se possível, escolha um tapete circular, ou apenas trace o círculo com giz em uma área externa de sua casa.

Outra dica é usar velas *réchaud* (aquelas pequenas velas em suportes de alumínio) ou velas flutuantes, para traçar o círculo. Acenda-as em sentido horário no início da cerimônia antes de incutir poder ao círculo, ou faça com que esse momento de acender as velas seja uma das atividades do ritual. Se houver vários participantes, ou um coven, as velas podem ser acesas pelos integrantes. Cada pessoa deve segurar uma vela e acender o próprio pavio enquanto enuncia uma bênção ou um desejo, seguindo a ordem das pessoas em sentido horário, logo após a visualização da luz corporal e da bênção de abertura.

Você também pode utilizar um círculo natural, como um arvoredo circular. Nesses casos, sempre peça permissão às forças da natureza presentes no local.

Também é possível desenhar um círculo na terra, na neve ou na areia usando um cajado ou uma espada, sempre em sentido horário. Tente fazê-lo em um único movimento.

Mas, definitivamente, a melhor opção é o círculo feito de pessoas, todas elas conectadas pelas mãos, sempre com início ao Norte. Dentro do círculo, a pessoa responsável pelo ritual deve ficar ao centro e se virar devagar para encarar seus pares. Cada um dos participantes deve proferir uma bênção, um depois do outro, dizendo frases que evoquem força, amor e empatia. Por exemplo: *O círculo do amor não conhece limites.*

CRIANDO UM CÍRCULO SIMBÓLICO

Com o círculo físico, a menos que você utilize o método de dar as mãos ou das velas, será preciso fortalecê-lo para ativá-lo (recorrendo a qualquer uma das formas descritas neste capítulo). Entretanto, um círculo wiccano também pode ser traçado de maneira simbólica ou clarividente, o que envolve caminhar em sentido horário ao redor da área visualizada portando uma espada, uma varinha, um cristal de quartzo ou um athame a fim de criar um círculo psíquico de luz.

Forme esse círculo psíquico de luz no ar, na altura da cintura ou dos joelhos, o que lhe parecer mais natural.

Depois, segure o cristal, a varinha, o athame ou a espada com sua mão dominante, aquela com a qual você escreve. Aponte a ferramenta em um ângulo de 45 graus, traçando o círculo à sua frente, a fim de que você pise dentro da luz emergente e se fortaleça.

Feche o círculo depois de entrar nele (sempre ao Norte).

Crie um cântico específico para este momento e repita-o, em voz alta ou mentalmente, enquanto caminha. Por exemplo: *Que este círculo seja traçado e permaneça inquebrantável. Que o amor da Deusa esteja para sempre em meu/nosso(s) coração(ões). Que bênçãos recaiam sobre este rito e sobre todos os presentes.*

No caso, a frase *todos os presentes* também se refere às deidades, às forças da natureza, aos ancestrais etc.

Você também pode criar uma redoma de luz sobre o círculo utilizando sua varinha ou athame. Do centro dele, gire em torno do próprio eixo, fazendo movimentos espiralados com o athame, como se criasse uma abóbada, de cima para baixo e de dentro para fora, sempre em sentido horário. Ou apenas deixe seu templo aberto para o sol, a lua e as estrelas.

CRIANDO UM CÍRCULO ELEMENTAL TRIPLO

Outro método utilizado para se traçar o círculo é usando salmoura, incenso e a chama de uma vela.

Com antecedência, acenda a vela e o incenso no altar, então tire-os dos limites do círculo visualizado, colocando-os sobre uma pedra ou uma pequena mesa.

Consagre a salmoura no altar antes de usá-la no círculo (do mesmo jeito que você consagrou suas ferramentas mágicas), e depois tire-a dos limites do círculo também. Para aumentar o poder, alguns praticantes fazem o traço triplo elemental depois de desenhar o círculo de luz ao redor do círculo simbólico, conforme explicado a seguir.

Se o círculo for um círculo físico, você pode potencializá-lo caminhando ao redor de seu contorno três vezes, em sentido horário, segurando cada uma das três substâncias elementais: a salmoura, o incenso e a vela acesa; ou sal, incenso e água. Se estiver em grupo, três pessoas podem caminhar em direção horária ao redor do círculo, uma após a outra, cada uma delas segurando as três substâncias elementais.

Faça os círculos um sobre o outro, e finalize o traçado borrifando cada pessoa presente com algumas gotas de salmoura sacramentada. Após entrar no círculo, dê uma nova volta em sentido horário, e diga: *Você é abençoado e bem-vindo.*

Se estiver trabalhando sem companhia, finalize o traçado do círculo triplo jogando salmoura sobre seu próprio corpo e recitando: *Que o Senhor e a Senhora, o Deus e a Deusa, abençoem meu feitiço/ritual.*

VISUALIZANDO O CÍRCULO DE LUZ

É interessante adotar essa estratégia quando você deseja lançar um feitiço breve ou quando está em um lugar que impossibilita o caminhar físico em movimentos circulares.

Se não houver privacidade, fique de pé ou sente-se com o corpo voltado para a direção Norte e tente visualizar o círculo aparecendo ao seu redor como se estivesse sendo desenhado por uma varinha cintilante de luz dourada.

Contudo, se houver privacidade para o ritual, fique de pé no centro do cômodo com o corpo virado para a direção Norte. Então, segurando sua varinha ou o quartzo de cristal, ou até mesmo esticando sutilmente o dedo indicador da sua mão dominante na altura da cintura, vá girando o corpo e os pés sem sair do lugar. Imagine uma luz fluindo de fora para dentro, criando um círculo ao seu redor. Visualize-o em dourado, branco, prateado ou azul, fazendo um único (e, se necessário, sutil) movimento contínuo com a mão ao traçá-lo.

DESFAZENDO O CÍRCULO

Algumas pessoas não desfazem o traço do círculo, mas apenas fecham as quatros torres elementais nos quatro pontos cardeais e apagam todas as velas elementais/cardeais antes de proferir a benção de encerramento. Isso acontece especialmente no ritual com um círculo natural feito de árvores, de pedras ou de conchas, para remover a peça final e abrir o círculo, permitindo que as energias fluam livremente. Elas logo vão se dissipar e, em cerca de 24h após o ritual, você poderá recolocar as pedras no lugar onde estavam.

Destraçar o círculo após uma cerimônia é uma forma importante de restaurar o ambiente do ritual e trazer os participantes de volta a seus estados anteriores, ainda que agora estejam abençoados, emanando harmonia e paz, em vez de agitação.

Devemos sempre desfazer círculos com movimentos no sentido anti-horário, o sentido inverso — a chamada *direção errada, widdershin* é o termo wiccano — para completar o que foi traçado no sentido horário, a dita *direção certa* (*deosil*).

Para desfazer qualquer círculo após o cerimonial — depois que todos os presentes tiverem agradecido e pedido para retornar aos seus lugares —, você deve posicionar a varinha ou athame atrás de seu corpo e caminhar em sentido anti-horário, iniciando e finalizando no ponto Norte, conforme manda a tradição mágica nórdica (ou de Leste a Leste, como alguns preferem). Nessa hora, imagine as luzes voltando às suas fontes — ao seu dedo, ao cristal, à varinha. Conforme realiza esses movimentos, entoe um cântico de fechamento, tal como: *Que o círculo seja destraçado, porém permaneça inquebrantável em nossos corações e em nossas vidas. Abençoado seja* ou *Que bênçãos recaiam sobre todos nós.*

Outra opção é permanecer no centro do círculo, com o corpo voltado para o Norte, e girar em sentido anti-horário, imaginando que a luz retorna ao seu lugar de origem ou que o fulgor dela afunda no solo.

3

Os Cinco Elementos

MANUAL PRÁTICO DA
WICCA

OS QUATRO ELEMENTOS MÁGICOS, QUE CORrespondem às quatro principais direções do altar e do círculo mágico, oferecem um simbolismo valioso e enriquecem os rituais. O elemento Terra, por exemplo, é utilizado para questões práticas, como conseguir mais dinheiro, encontrar estabilidade ou o lar perfeito; o elemento Ar ajuda a alcançar resultados rapidamente e traz clareza em questões envolvendo a mente, como em provas escolares, concursos ou entrevistas de emprego; o elemento Fogo auxilia na inspiração e na obtenção de poder; e o elemento Água é muito utilizado para o amor, para os relacionamentos e para os assuntos familiares.

Segundo os praticantes da magia, a fusão criada por esses elementos gera uma energia espiritual chamada Éter, Akasha ou Espírito, na qual os pensamentos ou desejos podem ser animados e transferidos (ou até mesmo catapultados) para realidade material.

OS QUATRO ELEMENTOS NA MAGIA

As seguintes associações são as mais comuns, pois provêm da magia tradicional, mas caso você estude outras formas de Wicca, possivelmente vai se deparar com variações (como de cor, por exemplo) que melhor se adaptam às suas preferências.

TERRA

Período do dia: Meia-noite.

Período da vida: Velhice, e por isso representa sabedoria e tradição.

Estação do ano: Inverno.

Ferramenta elemental: Pentáculo.

Substância sagrada elemental: Sal.

Criatura elemental: Gnomo.

Cores: Verde ou acobreado.

Naipe do tarô: Ouros, Pentáculos ou Moedas.

Guardião do Vento Norte: Bóreas.

Potencializador energético: Tocar tambores.

Deidades: Todas as Mães-Terra, deusas criadoras; a Senhora das Feras; e as deusas anciãs e sábias. Além disso, todos os Pais da Terra; o Deus Cornífero; e os deuses da caça.

Arcanjo: Uriel, o arcanjo da proteção, da transformação, guardião da Terra e do Sol, aquele que apresentou a alquimia à humanidade. É constantemente descrito como uma figura que segura uma chama; usa vestes de ouro polido e rubi vermelho; com uma auréola brilhante, semelhante ao fogo, flamejando na escuridão; e carrega uma espada ardente que emite relâmpagos.

Cristais: A maioria das ágatas, especialmente a ágata-musgo e a ágata-árvore (mais conhecida como dendrítica), a amazonita, a aventurina, a esmeralda, os fósseis, o azeviche, a malaquita, a madeira petrificada ou fossilizada, o quartzo-rosa, o quartzo-rutilado, o quartzo-fumê, o olho de tigre dourado ou vermelho, e todas as pedras com um buraco no centro.

Animais do poder: Antílope, texugo, urso, javali, vaca, touro, cachorro, cervo, ovelha, esquilo, coelho, cobra, abelha, aranha e lobo.

Ponta do pentagrama: Inferior esquerda.

Habilidades físicas e psíquicas: Tato e paladar; psicometria e clarividência.

Fragrâncias: Cipreste, samambaia, gerânio, urze, hibisco, madressilva, magnólia, musgo de carvalho, patchouli, artemísia, erva-doce, verbena e vetiver.

Qualidades positivas: Paciência, estabilidade, generosidade, confiabilidade, resistência, perseverança, fertilidade (também presente no elemento Água), tolerância, racionalidade, respeito pelos outros e pelas tradições, aceitação de si mesmo e dos outros como são, além da tendência a serem pessoas protetoras e que cuidam do meio-ambiente.

Lugares da Terra: Cavernas, criptas; Linhas de Ley,* florestas, gelo, neve, rochas, montanhas (também presentes no elemento Ar), jardins, templos, círculos de rochas e casas.

Materiais (substâncias e fenômenos): Sal, ervas, flores, árvores, moedas, pão, milho, trigo, tecidos, castanhas, argila, grama, solo, areia, frutas silvestres, pot-pourri, cristais, pedras preciosas e plantas.

---

* As Linhas de Ley são alinhamentos entre lugares geográficos e históricos do planeta, como montanhas, vulcões ou monumentos naturais. São considerados vórtices de energia.

Associações à Natureza: Aurora boreal, agroglifos (círculos em plantações), campos de grãos, tempestades de areia, terremotos e tremores, espíritos da terra (ou Landvættir) e os Ancestrais.

Signos astrológicos: Touro, virgem e capricórnio.

Planetas, estrelas e satélites: Vênus e Saturno.

Lema: "Eu aceito e cultivo tudo".

Use o elemento Terra na magia para: Proteção, propriedade, questões domésticas e do lar, estabilidade em qualquer área da vida, para receber mais dinheiro e afastar as dívidas, para questões de cunho oficial, para assuntos de família, para questões animais; para cristais, ervas e qualquer outro tipo de magia relacionada ao meio ambiente; para feitiços relacionados a instituições como as leis, política, finanças, saúde e educação. Também é foco de rituais utilizados para combater a fome, o desmatamento, a poluição, a devastação ambiental devido a construções prediais e à industrialização; e para proteger animais e seus hábitats.

AR
Período do dia: Alvorecer.

Período da vida: Nascimento/renascimento e infância.

Estação do ano: Primavera.

Ferramenta elemental: Espada.

Substância sagrada elemental: Incenso ou defumador.

Criatura elemental: Sílfide.

Cores: Amarelo ou cinza.

Naipe do tarô: Espadas.

Guardião do Vento Leste: Éolo.

Potencializador energético: Música.

Deidades: Damas e deusas das flores e da primavera; deidades de luz; Pais e Mães do Céu; deidades mensageiras e curandeiras; e deidades das estrelas (também presentes no elemento Fogo).

Arcanjo: Rafael, o arcanjo da cura, dos quatro ventos e padroeiro dos viajantes. É costumeiramente descrito como uma figura que carrega um frasco dourado de remédio e um cajado; usa vestes com as cores do sol matinal; emana um raio verde curativo de sua auréola.

Cristais: Ametista, angelita, calcedônia, cristal de quartzo transparente (também presente no elemento Fogo), citrino, diamante, diamante Herkimer, danburita, lápis-lazúli, sodalita, sugilita, safira e turquesa.

Animais do poder: Águia, falcão, rouxinol, aves de rapina, pomba branca, insetos voadores e borboleta.

Ponta do pentagrama: Superior esquerda.

Habilidades físicas e psíquicas: Audição e clariaudiência.

Fragrâncias: Acácia, amêndoa, anis, benjoim, bergamota, endro, funcho, lavanda, capim-limão, lúcia-lima, lírio-do-vale, manjerona, filipêndula, flor de papiro, hortelã e sálvia.

Qualidades positivas: Habilidades comunicativas, persuasão, alegria, foco, inteligência, honestidade, lógica, independência, clareza, boa memória, destreza, otimismo, facilidade de ensinar, dons musicais e poéticos, boa concentração, perspicácia comercial e tecnológica, versatilidade, dons de cura por meio da medicina ortodoxa e de fontes superiores.

Lugares do Ar: Cume de montanhas, colinas, torres, campanários e pináculos; céu, pirâmides, planícies, edifícios altos, varandas e jardins suspensos.

Materiais (substâncias e fenômenos): Óleos aromáticos, flores; mensageiro dos ventos, penas, os quatro ventos, nuvens, balões, pipas, sementes e esporos; fumaça; ventos, redemoinhos, furacões, tempestades, barcos à vela e cata-ventos.

Associações à Natureza: Nuvens, luz, a força da vida, espíritos, espectros (que, acredita-se, utilizam o vento para viajar), anjos, elfos e fadas.

Signos astrológicos: Gêmeos, libra e aquário.

Planetas, estrelas e satélites: Mercúrio, Júpiter e Urano.

Use o elemento Ar na magia para: Passar em provas e concursos; para aprendizagem; para viajar; para mudanças e melhorias na carreira; para mudar de imóvel; para arrecadar dinheiro, bem como em qualquer empreendimento na área da ciência, tecnologia ou da mídia; para curar a camada de ozônio e desacelerar o aquecimento global; para recuperar itens roubados ou perdidos; para descobrir a verdade; para recomeços; e para a magia com plumas ou penas.

FOGO

Período do dia: Meio-dia.

Período da vida: Maioridade — para poder encontrar um(a) companheiro(a) e gerar a prole.

Estação do ano: Verão.

Ferramenta elemental: Varinha.

Substância sagrada elemental: Vela.

Criatura elemental: Salamandra, um lagarto mágico que, de acordo com a crença, vive em meio às chamas.

Cores: Vermelho, laranja ou dourado.

Naipe do tarô: Paus, Vara ou Cajado.

Guardião do Vento Sul: Noto.

Potencializador energético: Dança e fogueiras ritualísticas.

Deidades: Todos os deuses e deusas do fogo; deidades da paixão e da sedução; divindades que têm relação com a ferraria ou com a forja; e deidades do sol.

Arcanjo: Miguel, arcanjo do sol, arcanjo supremo, aquele que supervisiona o mundo natural, incluindo o clima; líder de todos os anjos guerreiros e dos matadores de dragões. É costumeiramente descrito como uma figura com asas douradas, trajando armadura vermelha e dourada; empunha uma espada, um escudo, um ramo verde, as balanças da justiça, ou, dependendo da fonte, uma bandeira branca estampada com uma cruz vermelha.

Cristais: Âmbar, jaspe-sanguíneo, pedra-boji, cornalina, granada, lava, pirita, obsidiana, rubi e topázio.

Animais do poder: Gato, leão, puma, cervo, dragão, vagalume, libélula e a lendária fênix dourada (símbolo de renascimento e transformação, pois entra em combustão em uma pira funerária a cada quinhentos anos, para então ressurgir das cinzas).

Ponta do pentagrama: Inferior direita.

Habilidades físicas e psíquicas: Visão e clarividência.

Fragrâncias: Pimenta-da-Jamaica, angélica, manjericão, louro, cravo (flor), cedro, camomila, canela, cravo-da-índia, copal, sangue-de-dragão, olíbano, heliotrópio, junípero, limão-taiti, cravo-de-defunto, noz-moscada, laranja, alecrim e tangerina.

Qualidades positivas: Coragem, inspiração, idealismo, altruísmo, fidelidade, perfeccionismo, defesa dos oprimidos, intuição, justiça, imaginação, criatividade, liderança, boa saúde, transformação, fertilidade em todos os âmbitos da vida (também presente nos elementos Terra e Água), misticismo, clarividência, profecia, determinação para transpor qualquer obstáculo, energia, vivacidade e abundância.

Lugares do Fogo: O próprio lar, desertos, areia, faróis em encostas, formações rochosas vermelhas e altares com velas.

Materiais (substâncias e fenômenos): Velas, cera de abelha, chamas, cinzas, lâmpadas de fibra ótica, relâmpagos, lamparinas feitas com abóboras, esferas transparentes de cristal, ouro, espelhos, laranjas (fruta), pêndulos e prismas de cristal (para captação de luz solar), girassóis, vulcões, incêndios florestais, eclipses solares e todas as flores douradas.

Associações à Natureza: Sangue, sol, lareiras, fogueiras ritualísticas e fogueiras domésticas, estrelas (também presentes no elemento Ar), cometas, arco-íris, meteoros, relâmpagos, tochas (no passado, acreditava-se que o fogo vivia dentro da madeira e era liberado com a fricção), *djinns* (gênios na mitologia árabe) e fadas do fogo.

Signos astrológicos: Áries, leão e sagitário.

Planetas, estrelas e satélites: Sol e Marte.

Use o elemento Fogo na magia para: Alcançar suas ambições; para o poder e a liderança; todas as empreitadas artísticas e criativas; religião e espiritualidade; sucesso nos esportes e em jogos competitivos; para a coragem; para aumentar seus poderes psíquicos (sobretudo os mais desenvolvidos, como a canalização de divindades); para prazeres, paixão e para consumar o amor; para o sexo sagrado; para a remoção de coisas desnecessárias; para magia de amarração e banimento; para proteção contra ameaças ou ataques; para magia das velas; para proteção contra estiagens; para combater a poluição causada pela queima de combustíveis ou substâncias químicas; para impedir incêndios florestais e políticas de desmatamento que ameaçam as florestas tropicais.

ÁGUA

Período do dia: Pôr do sol ou crepúsculo.

Período da vida: Meia-idade, aposentadoria e terceira idade.

Estação do ano: Outono.

Ferramenta elemental: Cálice.

Substância sagrada elemental: Água.

Criatura elemental: Ninfa.

Cores: Azul ou prata.

Naipe do tarô: Copas ou Cálices.

Guardião do Vento Oeste: Zéfiro.

Potencializador energético: Chocalhos, rezas e cânticos.

Deidades: divindades da Lua e do Amor; deuses e deusas da água, do mar e do poço sagrado; deusas da iniciação e de religiões misteriosas.

Arcanjo: Gabriel, o arcanjo da lua, mensageiro divino dos recados extraterrenos, dotado de energias femininas. É costumeiramente descrito como uma figura com vestes prateadas ou azul-marinho, com um manto de estrelas e uma lua crescente no lugar da auréola, portando uma corneta dourada e um lírio branco. Em versões alternativas, é descrito com uma lamparina na mão direita e um espelho feito de jaspe na mão esquerda.

Cristais: Água-marinha, calcita, coral, jade, pedra-da-lua, fluorita, pérola, opala e turmalina.

Animais do poder: Sapo, golfinho, lontra e castor, garça, pato, foca, baleia, cisne e outras aves aquáticas; todos os peixes, especialmente o salmão; estrela-do-mar, caranguejo, cavalo-marinho; crocodilo e jacaré.

Ponta do Pentagrama: Superior direita.

Habilidades físicas e psíquicas: Sexto sentido e intuição; poderes de cura, telepatia e vidência.

Fragrâncias: Flor de maçã, damasco, coco, eucalipto, matricária, urze, jacinto, jasmim, limão-siciliano, erva-cidreira, lilás, lírio, mirra, orquídea, passiflora, pêssego, morango, ervilha-de-cheiro, tomilho, valeriana, baunilha e violeta.

Qualidades positivas: Beleza, compaixão, empatia, pacificação, harmonia, amor, perdão, sabedoria inconsciente, pureza; e habilidade imersiva de interconexão com a natureza, com os ciclos sazonais e com o ciclo da vida.

Lugares da Água: Piscinas, riachos, estuários, cachoeiras, poços sagrados e nascentes, redemoinhos, rios, oceano, pântanos, planícies inundadas, aquários e parques aquáticos.

Materiais (substâncias e fenômenos): Leite, vinho, conchas, esferas de cristal, tigelas divinatórias, espelhos negros, reflexos na água, marés, enchentes e tsunamis.

Associações à Natureza: Lua, chuva, banhos ritualísticos, brumas, neblina, sonhos, sereias e fadas aquáticas.

Signos astrológicos: Câncer, escorpião e peixes.

Planetas, estrelas e satélites: Lua, Netuno e Plutão.

Use o elemento Água na magia para: O amor, relacionamentos e amizades, reatar relações; viagem astral; proteção daqueles que estão longe; sonhos; ritos de purificação; cura; utilizar os poderes da natureza, especialmente os da água (sobretudo da água benta); divinação e adivinhação; magia da água e do mar; magia da lua; e viagem pelo mar. O elemento água também é potente para impedir inundações; promover a limpeza das águas de mares, lagos e rios; em campanhas pelo direito à água potável em lugares do mundo onde ela não é acessível; em iniciativas pela saúde mundial; e nos cuidados de criaturas marítimas ameaçadas — como as baleias, os golfinhos e as focas.

TRAÇANDO O CÍRCULO MÁGICO COM OS ELEMENTOS

Alguns praticantes da magia residentes no Hemisfério Sul seguem a tradição do Hemisfério Norte de traçar o círculo sempre voltado para o Norte do altar. De certa forma, esse é um jeito de reconhecer a Wicca como uma tradição originária desse ponto geográfico.

No entanto, ao optarem por esse método baseado no Hemisfério Norte — o de traçar o círculo na direção horária, quando deveriam fazê-lo no sentido anti-horário, por conta de sua localização geográfica —, os praticantes do Sul acabam invertendo as direções.

A questão mais problemática nesse hemisfério é justamente a dos pontos cardeais, pois o Sul está do lado oposto ao Norte. Por exemplo, as regiões frias tradicionalmente associadas à Terra no Hemisfério Norte, segundo a Wicca, estariam ao Sul, em direção à Antártica. Da mesma forma, para a Wicca, o calor estaria ao Norte, na direção do Equador, enquanto, por sua vez, a costa do mar estaria ao Leste, mais voltada para o Hemisfério Sul.

A melhor forma de contornar essas questões geográficas, caso você more no Hemisfério Sul, é trabalhando exclusivamente com os elementos, não com os pontos cardeais; desse modo, você se desassocia da direção Norte. Por exemplo, ao usar o elemento Terra, faça com que o círculo e o altar estejam na posição da Terra, buscando a massa de terra mais sólida que encontrar onde estiver lançando seus feitiços. O Fogo, por outro lado, seria na direção do calor; a Água, na direção do oceano ou de uma fonte de água; e o Ar, próximo às montanhas ou planícies.

ACOLHENDO OS GUARDIÕES ELEMENTAIS NO CÍRCULO MÁGICO

Após traçar o círculo mágico, muitos praticantes da Wicca, durante o ritual, costumam evocar Guardiões de cada quadrante elemental do círculo, os chamados *Guardiões das Torres de Observação*.

No Hemisfério Norte, os Guardiões devem ser saudados seguindo o sentido horário. Primeiro a Terra, depois o Ar, então o Fogo e, por fim, a Água. No Hemisfério Sul, deve-se prosseguir em sentido anti-horário, também começando pela Terra.

Os Guardiões Elementais acrescentam seus vários poderes para energizar e dar vida e forma a elementos tais como o sal, o incenso, a chama da vela e a água no altar. Os Guardiões também podem ser identificados como deidades. O Norte e o Oeste são tradicionalmente representados por energias femininas, embora isso varie de cultura para cultura, podendo também aparecer como arcanjos, animais do poder ou espíritos elementais.

Na magia formal, os Guardiões geralmente são chamados de Senhores ou Senhoras das Torres de Observação.

Esses sábios protetores são muito importantes e guardam o círculo de todos os sentimentos terrenos negativos e de quaisquer pressões do mundo externo. Como estamos trabalhando com poderes espirituais, os Guardiões também impedem que algo maligno entre no espaço sagrado durante o ritual, quando você está espiritualmente aberto e vulnerável.

DESCOBRINDO SEU GUARDIÃO ELEMENTAL

Se estiver trabalhando sozinha, sente-se em cada quadrante do círculo e permita que a figura de uma pessoa, animal, pássaro ou criatura marinha venha à sua mente da forma mais natural possível. Ela vai representar o Guardião Elemental daquele ponto cardeal. Se você estiver meditando em um exercício com seu coven, você pode dividi-lo em grupos, de modo que cada grupo evoque uma visão coletiva do elemento determinado. É importante compreender que o Guardião vai escolher você ou seu grupo, e não o contrário.

Assim que visualizar o Guardião Elemental de cada um dos pontos cardeais, dê um nome a cada um deles. Pode ser um nome que você venha a pesquisar depois na internet ou em um livro, o fato é que seu anjo ou espírito elemental vai adotar essa aparência e alcunha especialmente para você.

Em seguida, decida como vai pedir a cada Guardião para adentrar o círculo depois de traçado, e no fim do ritual, antes de desfazer o círculo, decida como vai agradecê-los e que despedidas dedicará a cada um deles.

RITUAL DE ABERTURA DOS QUADRANTES ELEMENTAIS

Uma pessoa escolhida — podendo ser você ou outro membro do coven designado para representar cada quadrante — deve estar voltada para fora do ponto central do elemento escolhido, sempre começando pela Terra, e desenhar no ar a invocação ou o pentagrama, que deve abranger da altura dos joelhos até os ombros. As outras pessoas presentes podem reproduzir o gesto. Depois, a pessoa designada deve erguer os braços, com as mãos espalmadas e voltadas para cima, e então abaixá-los saudando cada um dos Guardiões com palavras como: *Guardião da Torre de Observação da Terra, você é bem-vindo e eu/nós peço/pedimos por sua proteção e por suas bênçãos neste ritual.*

Ao acolher os Guardiões Elementais e deixar os portais abertos, você vai ser capaz de ver ou sentir o mundo onde habitam. Por exemplo: com o portal da Terra, é possível perceber ou vislumbrar magníficas florestas verdes ou milho maduro; com o portal do Fogo, o sol brilhando, e assim por diante.

Depois do ritual, antes de destraçar o círculo, você precisa fechar os quadrantes. Você, ou a pessoa designada para aquele elemento, deve desenhar o pentagrama de fechamento novamente no ar — os outros podem acompanhar o gesto — e dar a volta no círculo, em sentido anti-horário se vocês estiverem no Hemisfério Norte, e no sentido horário se vocês estiverem no Hemisfério Sul, até que os quatro quadrantes estejam fechados.

Antes de desenhar o pentagrama de fechamento em cada quadrante, você deve erguer seus braços com as mãos espalmadas, daí abaixá-los e agradecer aos Guardiões dizendo: *Olá e adeus. Até que nos encontremos outra vez.*

É sempre importante, sobretudo no que diz respeito a espíritos elementais, lembrar-se de fechar os portais das Torres de Observação, caso contrário, as forças mágicas podem permanecer no cosmos e retornar na forma de pensamentos e tulpas (a *tulpa* é um ser ou objeto criado pela força da vontade e da disciplina mental e espiritual). Tratando-se de energias elementais, isso não é recomendado. Outra opção de despedida é dizer: *Sábio Guardião do [elemento], ofereço-te bênçãos até que nos encontremos de novo.*

4

Como Criar Feitiços

MANUAL PRÁTICO DA

WICCA

MUITO DO TRABALHO DA PRATICANTE DA WICCA envolve lançar feitiços. Eles podem ser feitos em nome de terceiros (sob encomenda), para você mesma, para a sua família ou amigos, para animais, para pessoas em dificuldades ou que estejam em sofrimento; ou mesmo para mandar energias de cura para lugares específicos.

FEITIÇOS, RITUAIS E
CERIMÔNIAS WICCANAS

As palavras *feitiço* e *ritual* costumam ser permutáveis. O feitiço, entretanto, tende a ser menos formal e menos estruturado do que um ritual e, em geral, é realizado para um propósito, pessoa, lugar ou necessidade específicos, exigindo resultados dentro de um período de tempo menor. Em contraste, o ritual pode não ser apenas um meio de atingir um resultado desejado, mas um propósito em si, por exemplo, a evocação do poder da lua, em uma noite de lua cheia, para canalizar a Deusa da Sabedoria — os covens sempre realizam seus *esbats*, ou reuniões, em noites de lua cheia —, ou para uma intenção maior, como alcançar a paz mundial.

Já as cerimônias tendem a ser rituais mais elaborados e que permitem a participação de pessoas não wiccanas e membros da família. Por exemplo, nas cerimônia de casamento wiccano, o *handfasting* ("união de mãos", em tradução livre), nos batizados, na celebração do Equinócio de Outono a fim de agradecer pela fartura recebida durante o ano, ou apenas para pedir que os meses futuros também sejam abastados.

No caso de rituais e cerimônias, existe uma estrutura mais elaborada, o que inclui a abertura dos quadrantes e uma benção ao sal e à água.

O LIVRO DAS SOMBRAS

Tão logo você começar a lançar seus feitiços, é provável que haja o desejo de registrá-los em seu Livro das Sombras. Este é o nome dado à fonte pessoal de cada praticante da Wicca, um livro que pode ser usado como diário mágico, como inspiração e, sobretudo, como legado para as futuras gerações. Ele costuma conter informações sobre ervas e incensos, cristais, diferentes fases da lua e suas emanações energéticas. Caso o praticante faça parte de um coven, é bastante comum a existência de um Livro das Sombras coletivo para registrar todos os trabalhos mágicos do grupo.

O Livro das Sombras deve ser sempre escrito à mão, mesmo nesta era tecnológica. Você pode comprar um modelo com encadernação de couro ou de tecido, e o ideal é que escreva nele com caneta-tinteiro (utilize tinta verde se o papel for cor de creme, e preta se o papel for branco). O melhor tipo de caderno — embora não seja essencial — é aquele modelo tipo fichário, que possibilita a inserção de novas páginas. É um artifício que vai permitir revisões e acréscimos constantes ao seus registros mágicos.

Sendo uma bruxa moderna, é bastante importante que você mantenha uma cópia on-line das partes mais relevantes do seu Livro das Sombras. Também é um jeito de facilitar a troca de informações com outras bruxas e também de resguardar os dados, afinal de contas, os livros físicos sempre podem ser perdidos ou destruídos.

Além disso, sempre que sair de férias, tiver um dia livre ou for passear em um fim de semana, leve consigo uma caderneta para registrar informações interessantes que encontrar: plantas e ervas que vir pelo caminho, lendas locais, lugares antigos, visitas a museus, ditados e cânticos populares, excursões a igrejas e catedrais.

OS SEIS ESTÁGIOS DA CRIAÇÃO DE FEITIÇOS

Há seis estágios para se lançar um feitiço. É muito importante ter consciência de cada um deles, embora sempre seja possível criar variações para que se encaixem melhor na sua prática pessoal.

PASSO 1: Definindo o Propósito

Descrevo as posições para o Hemisfério Norte, mas você pode adaptar esses passos levando em consideração o Hemisfério Sul. Ao formular seu feitiço, leve em conta o período de tempo ideal para que os resultados se manifestem em seu cotidiano, a menos que você siga a máxima "Tudo ocorre no tempo certo".

Além disso, pense em outras questões importantes: "Esse feitiço será feito de uma tacada só? Ele vai precisar ser repetido diariamente ao longo da semana? Uma vez por mês? Ou só quando houver um acontecimento específico relacionado ao que desejo? Será preciso refazê-lo sempre que a fragrância do amuleto de bruxa começar a enfraquecer?".

Em seguida, você deve encontrar — ou mesmo criar — um símbolo para depositar o poder do feitiço, por exemplo:

- Objetos simbólicos para serem enviados após o feitiço, como uma planta para alguém que estiver doente, ou moedas para exprimir prosperidade;

- Um saquinho de ervas escolhidas por suas propriedades mágicas, que devem ser colocadas em um saquinho com a cor apropriada (este é o amuleto de bruxa), ou um cristal — todos os itens devem ter um significado mágico;

- Uma mensagem escrita que, logo depois, deve ser queimada na chama de uma vela;

- Velas coloridas com três ou quatro palavras entalhadas em cada uma delas representando a função do feitiço. As vogais costumam ser omitidas em mensagens escritas com o propósito de unir palavras;

- Pequenas bonecas de pano, de argila, de massa de pão ou de cera de abelha para representar amantes, membros da família ou alguém doente. Acrescente detalhes nas figuras utilizando cera de abelha derretida — um coração para simbolizar amor, um avião para viagens de longa distância ou um bebê em um berço para representar fertilidade, entre outras possibilidades;

- Cartas de tarô, como o Rei e a Rainha de Copas, Os Amantes (para representar o amor e o casamento), O Mundo (para representar viagens) e A Roda da Fortuna (para atrair boa sorte);

- Um cordão, um fio resistente ou um laço atado com um nó para conter malfeitos e pessoas destrutivas. Esse nó deve ser desatado e queimado na chama de uma vela para banir relacionamentos tóxicos e medos, ou então pendurado em uma árvore para ser lentamente decomposto pelas intempéries do tempo;

- Pedras ou ossos marcados com imagens específicas, que depois devem ser enterrados ou atirados em água corrente.

PASSO 2: Preparando o Ambiente

- Coloque o símbolo sobre um prato, no centro do altar ou da mesa de feitiços, acompanhado das quatro substâncias elementais: o sal, o incenso, a vela e a água;

- Visualize um círculo de luz envolvendo seu corpo, o altar e qualquer outra pessoa presente. Ele deve ser traçado no sentido horário;

- Se estiver trabalhando sozinha, diga *Eu sou* [seu nome mágico secreto] e peça proteção e auxílio em sua empreitada mágica a seus anjos da guarda, ao seu arcanjo favorito, à Deusa ou ao poder da luz e da bondade;

- Acenda as velas que serão usadas e, com suas chamas, acenda o bastão de incenso, então diga em voz alta o propósito do seu feitiço enquanto segura o símbolo; ou, caso esteja em grupo, passe-o de pessoa em pessoa para que todas verbalizem a razão do encantamento.

PASSO 3: Estimulando as Energias

- Para consagrar a intenção do símbolo e das palavras proferidas por meio do poder elemental, passe o símbolo ao redor, acima ou pelas quatro substâncias elementais. Outra opção é manter o símbolo no centro do altar e salpicar ou aproximar os elementos mágicos ao redor dele;

- Comece com o sal a Norte, então vá para o incenso a Leste, a vela a Sul, e finalize com a água a Oeste. Para cada um dos elementos, utilize palavras de poder, por exemplo: *Eu invoco sucesso/amor/cura com o poder da Terra/Ar/Fogo/Água.*

PASSO 4: Expandindo o Poder Elemental

Essa é a parte mais ativa e poderosa do feitiço, pois envolve a construção da intensidade e velocidade da ação elemental para combinar os quatro elementos e criar o quinto — Éter, Akasha ou Espírito —, um espaço mágico onde a transformação da intenção em realidade se torna possível.

- Dance, toque tambores, cante, ou faça tudo isso ao mesmo tempo, enquanto caminha em volta do altar;

- Faça vários nozinhos em um cordão, então agite-o entre suas mãos fechadas em concha;

- Misture suas ervas em uma cumbuca com uma colher ou um pilão, amassando-as cada vez mais rápido, então coloque-as no amuleto de bruxa, feche-o e jogue-o para o ar;

- Se o símbolo escolhido for um cristal ou outro item pequeno e sólido, jogue-o no ar repetidas vezes, indo cada vez mais alto;

- Se estiver em grupo, vá passando o símbolo pelas mãos de todos do círculo enquanto entoam um cântico — tudo feito gradativamente mais depressa —, por exemplo: *Poder da magia, poder do feitiço, use todos eles para o bem feitio*;

- Se estiver trabalhando sozinha, encante o símbolo com as palmas das mãos, mantendo-as esticadas alguns centímetros acima do símbolo no centro do altar;

- Se estiver ao ar livre, faça desenhos no ar com um maço de ervas para defumação, formando círculos amplos, permitindo que o trajeto seja feito naturalmente;

- Se estiver em um ambiente fechado, desenhe grandes espirais com bastões de incenso, segurando um em cada mão, mantendo-os alguns centímetros acima do símbolo, sempre movendo a mão direita em sentido horário e a mão esquerda em sentido anti-horário;

- Independentemente do método, suas mãos devem ser movimentadas cada vez mais depressa, e você deve criar um cântico para atrair os poderes dos quatro elementos. Cante ou recite velozmente, cada vez mais alto e mais depressa, até que as palavras sejam ditas de um fôlego só e formem praticamente uma única palavra;

- Um cântico Wicca muito popular é: Água, Fogo, Terra e Ar, *tragam-me o que eu desejar*;

- Um cântico um pouco mais complexo para intensificar o poder é: *Ar, Terra, Fogo e Água, permita, peço-te, que meu desejo nasça. Ar* [pausa], *Terra* [pausa], *Fogo* [pausa], *Água* [pausa];

- Conforme o poder, a velocidade e a intensidade do ritual aumentam, esteja você realizando o ritual sem companhia ou em um coven, vá fazendo círculos ao redor do altar, cantando: *O poder do Ar* [bata palmas e os pés], *o poder da Terra* [bata palmas e os pés], *o poder do Fogo* [bata palmas e os pés], *o poder da Água* [bata palmas e os pés];

- Outros cânticos incluem nomes de Deusas, sendo as mais populares ao redor do mundo Ísis, Astarte, Diana, Hécate, Deméter, Kali ou Inanna;

- Movimente-se, toque o tambor, bata os pés, bata palmas e cante até sentir que o poder atingiu o ápice. A sensação é a de acelerar um carro ao máximo com o freio de mão puxado ou de estar em um avião em plena decolagem.

Uma alternativa ao Passo 4

- Se estiver lançando um feitiço de cura, ou tentando se livrar de dor e sofrimento, em vez de liberar o poder em direção ao cosmos, "empurre-o" com gentileza para outro lugar. Você pode colocá-lo, por exemplo, dentro de um saquinho de ervas curativas ou em um cristal colorido que você tenha decidido usar como foco do feitiço;

- Construa a energia até atingir um crescendo. Segure-a por um momento, mantendo voz e movimentos firmes, e então comece a recitar as palavras mais suavemente e a se movimentar de modo mais lento;

- Vá reduzindo seus movimentos e suas palavras até se esvaírem, de sussurros ao silêncio completo, conforme for finalizando seu ritual;

- Aponte os bastões de incenso, os dedos unidos ou as duas mãos para o símbolo em um ângulo de 45 graus (mantenha a distância necessária para que as cinzas do incenso não caiam sobre o símbolo, as ervas e os cristais), fazendo com que o poder e a luz fluam diretamente até ele. Diga: *Que a luz ou poder da Deusa/ arcanjo* [nome] *entre aqui e traga paz/cura. Abençoados sejam*;

- Quando sentir que o poder passou para o símbolo, fique imóvel e em silêncio por um momento, depois devolva os incensos para os porta-incensos e deixe-os queimar até o fim. Mantenha as mãos diante do seu corpo, palmas voltadas para baixo, a fim de que qualquer poder residual volte para a terra.

PASSO 5: Maneiras de Liberar Poder

Quando você — ou a pessoa liderando o encantamento — sentir que é o momento, liberte o poder do feitiço para o cosmos. Quanto mais feitiços forem lançados, mais consciente você ficará da existência de um vórtex de arco-íris espiralado sobre você. Ele costuma explodir ao redor dos praticantes como um glorioso espetáculo de fogos de artifício. Isso ocorre geralmente após o passo quatro do ritual. Algumas pessoas são clarividentes e conseguem enxergar essa demonstração com sua visão interior.

Como Liberar o Poder do Feitiço para o Cosmos

Erga os bastões de incenso e segure-os acima de sua cabeça, dizendo: *O poder é livre, o poder em mim vive.* Mergulhe os incensos simultaneamente em uma cumbuca cheia de areia, terra ou água, para apagá-los. Estique os braços para o alto, de cada lado da cabeça, então movimente-os para a frente e para trás (baixando-os até a altura da cintura), em um movimento amplo de corte, e por fim relaxe-os.

Dê um grito final, bata palmas, bata os pés, pule ou toque tambores enquanto diz: *O poder é livre. O desejo é meu* ou *Eu sou puro Espírito.*

PASSO 6: Concluindo o Feitiço

- Sem emitir qualquer som, segure o símbolo e permita que as energias se sintetizem e fluam por meio dele. Se estiver trabalhando em grupo, passe o símbolo de pessoa em pessoa devagar, para que cada um consagre a magia nele com bênçãos silenciosas ou verbais. Quaisquer energias liberadas no cosmos vão preencher o símbolo e o campo energético de sua aura e de todos os presentes;

- Apague todas as velas acesas e recite uma bênção de despedida, agradecendo aos Guardiões que concederam proteção durante o ritual;

- Visualize a luz do círculo se apagando na direção reversa à direção que você a evocou;

- Se o símbolo for destinado a alguém que não estiver presente no ritual, envie-o para a pessoa, ou então mantenha-o próximo a uma foto dela;

- Por fim, sente-se no chão e posicione os pés e as mãos contra o solo para permitir que o excesso de energia seja drenado. De forma alternativa, você também pode ficar de pé, com os pés separados e as mãos paradas junto ao corpo, os dedos apontando para baixo, enquanto respira fundo e permite que seu organismo e mente entrem em total relaxamento. Faça isso também após os rituais;

- Por fim, organize o ambiente e, quando estiver prestes a deixá-lo, diga em um sussurro suave ou mentalmente: *O rito está finalizado. Abençoados sejam.*

5

Como Fazer Rituais

MANUAL PRÁTICO DA
WICCA

AINDA QUE ALGUNS WICCANOS SE SINTAM PERFEI-tamente satisfeitos em se concentrar apenas na prática de feitiços, os rituais normalmente são o passo subsequente, e também mais formal, a ser seguido. Assim como os feitiços, eles podem ser realizados individualmente ou em grupo.

No capítulo 6 você vai conhecer o ritual Puxando a Lua Para Baixo e as variações feitas por praticantes solitários, grupos mágicos informais e covens formais, os quais costumam realizá-lo mensalmente, durante a lua cheia. Após ler este capítulo, você terá todo o conhecimento necessário para realizar o ritual por contra própria. Não há limites no território ritualístico. Você pode fazer rituais para enviar paz ou energias de cura para regiões em guerra, que estejam sofrendo com secas ou outros desastres naturais, ou até mesmo direcioná-las para pessoas que estejam batalhando contra a pobreza ou enfermidades. Outra opção é recorrer ao ritual para oferecer força àqueles que mais necessitam. Por outro lado, os rituais também podem ser feitos para questões simples — como para agradecer pelas bênçãos recebidas, solicitar ajuda ou pedir por uma bênção particular ou coletiva.

Muitos rituais estão centrados nos *ritos de passagem*, tais como o matrimonial (a "união das mãos"); o falecimento de um amigo querido, de um familiar amado, de um membro do coven ou de uma figura pública que tenha sido uma influência benéfica no mundo; o batismo de uma criança; ou até em uma cerimônia sazonal usada para energizar o ano.

RITUAIS DE OFERENDA

As oferendas são compostas por materiais como flores/pétalas, ervas ou cristais que geralmente carregam uma simbologia. Ao fazer tal oferta, peça o que deseja e ofereça em troca seus serviços — às pessoas e ao planeta. Cada um desses materiais terá um significado mágico específico. Para facilitar, optamos por usar o Hemisfério Norte como referência em nossas explicações.

Preparativos pré-ritualísticos

Decida a hora e a data certas para o ritual e a escolha seus materiais e ferramentas apropriados — fragrâncias, incensos, cores de velas e afins.

Se estiver trabalhando com um coven ou junto de um grupo informal, decida com antecedência que formato vai seguir e quem será responsável por cada parte do ritual. Se estiver trabalhando sozinha, anote seu planejamento, mas, se possível, faça o ritual sem consultar suas anotações — coração aberto e espontaneidade são o que realmente importa. Apenas na magia formal é necessário haver total precisão em seus passos.

Prepare-se com um banho de purificação ou esfregando óleo em cada um de seus quatro pontos centrais energéticos, e então vista um roupão (ou toga) confortável para a ocasião pouco antes ou no exato momento em que estiver borrifando a região na qual será traçado o círculo.

PASSO 1: Preparando o Ambiente do Ritual

Purifique o ambiente onde será traçado o círculo de poder borrifando água no local com um ramo de gravetos molhados, ou então varrendo o lugar com sua vassoura natural.

Em um ambiente fechado, defume o quarto com a ajuda de um incenso de cedro, artemísia ou pinho, fazendo círculos em sentido horário e anti-horário. Tanto no ambiente fechado quanto ao ar livre, entoe um cântico enquanto trabalha, por exemplo: *Que apenas a bondade e a luz aqui permaneçam e que este ambiente seja dedicado unicamente ao bem maior e aos mais elevados propósitos.*

Monte o altar usando os quatro materiais mágicos: uma tigela de sal, incenso, vela e uma tigela de água, ou quaisquer outros objetos entre os permitidos de sua preferência. Inclua um pentáculo a Norte, um athame ou um punhal a Leste, uma varinha a Sul e um cálice a Oeste — cada um deles acompanhado de sua própria substância elemental.

No centro, coloque uma tigela para dispor suas oferendas simbólicas (pode usar um minicaldeirão, se desejar). Um caldeirão de tamanho normal é melhor para magias ao ar livre e reuniões maiores — pode servir de depósito principal de oferendas.

Antes de iniciar o ritual, passe suas mãos sobre o altar nove vezes — sua mão dominante deve fazer movimentos horários, enquanto a outra faz movimentos anti-horários —, palmas voltadas para baixo. (Percebi que mesmo no Hemisfério Sul, para reunir poder, os praticantes da Wicca utilizam a mão dominante para realizar movimentos horários e a mão oposta para realizar movimentos anti-horários.) Diga nove vezes: *Que as bênçãos recaiam sobre este altar e este ritual. Que minha/nossa magia seja dedicada apenas ao bem maior e à mais pura das intenções.*

Acenda o carvão com antecedência caso esteja usando incenso em pó em vez de bastões, palitos ou cones.

PASSO 2: Marcando o Início do Ritual Formalmente

Toque o sino para cada um dos quadrantes do círculo, seja este visualizado ou físico. Caso esteja usando algo previamente construído, comece pelo Norte, onde está o sino. Então ofereça uma benção de abertura e peça a proteção do Deus e da Deusa, do poder da luz, ou de outras deidades específicas, com seu corpo voltado para o Norte. Caso outras pessoas estejam presentes, mantenha-se no centro do círculo, voltando-se lentamente para todos os membros conforme fala.

Estique os braços para o alto e mantenha-os bem separados enquanto diz: *Mãe e Pai, abençoem este ritual — mantenham o perigo ao longe e a paz por perto. Abençoem-me/todos os que estão aqui/hoje* ou *Abençoado seja em nome da terra, do céu e do mar; santificado seja em nome da lua, do sol e das estrelas.*

Acenda a vela da Deusa e, a partir dela, a vela do Deus, da esquerda para a direita.

Abençoe o sal e a água e acrescente sal à tigela de água, do mesmo jeito que você aprendeu ao fazer a consagração de suas ferramentas. Com a ajuda do athame, faça uma cruz no sal e depois na tigela de água.

Acenda a vela elemental do Sul. Caso esteja usando quatro velas marcando os pontos cardeais, acenda-as do Norte ao Oeste em sentido horário, o que deixa duas velas para o Sul.

Acenda cones ou palitos de incenso usando a chama da vela da Deusa, ou borrife um pouco de mistura de incenso no carvão, que precisa estar esbranquiçado de tão quente.

PASSO 3: Traçando o Círculo

Pode ser que você queira retornar ao Capítulo 2 para rever as instruções detalhadas deste passo.

Em um rito grupal, após a benção e antes do traçado do círculo, você pode levar todos à área destinada ao ritual e pedir que deem as mãos, com a mão esquerda voltada para cima e a direita voltada para baixo. Caminhem em espiral até que você faça um círculo físico guiado pela ciranda. Crie-o ao redor dos participantes e dê o sinal para que soltem as mãos.

Caminhe ao redor da extensão do círculo, na parte interna, e, com os participantes voltados para você, salpique cada um deles com algumas gotas de água ou de salmoura, dizendo: *Abençoado(a) seja* ou *Você é bem-vindo(a).*

Borrife salmoura sobre você caso esteja trabalhando sozinha, voltando ao altar após traçar o círculo, sempre com o corpo voltado para o Norte.

PASSO 4: Abrindo os Quadrantes

Convide os Guardiões Elementais para adentrarem o círculo e para que assumam suas posições nos Quadrantes ou nas Torres de Observação.

Outra opção é solicitar a presença dos quatro principais arcanjos: Uriel a Norte, Rafael a Leste, Miguel a Sul e Gabriel a Oeste.

Saudando os Guardiões

No interior do círculo, posicione-se no centro do primeiro quadrante (o elemento Terra) e volte-se para o Norte, então levante ambos os braços (palmas para o alto), e diga: *Sábio guardião do Norte, eu o saúdo, seja bem-vindo.*

Faça o mesmo com os quadrantes dos demais elementos, Ar, Fogo e Água, retornando ao altar após o fim.

Invoque as qualidades apropriadas de cada poder elemental, solicitando, por exemplo, que "a inspiração trazida pelo Fogo adentre o ritual", ou descreva o lugar no qual você consegue *visualizar* o guardião do Fogo adentrando. A seguir, desenhe o pentagrama de invocação em cada quadrante.

Se estiver em grupo, todos os participantes devem se voltar para cada direção que estiver sendo aberta, erguendo os braços e dizendo: *Eu o saúdo, seja bem-vindo.* Em seguida, devem traçar um pentagrama no ar com o indicador da mão dominante. Alguns praticantes preferem traçar o pentagrama antes da saudação — a escolha é sua.

Quando em grupo, outra opção é que quatro pessoas diferentes abram cada um dos quadrantes.

COMO FAZER RITUAIS

Saudando os Guardiões com o Pentagrama

Há duas maneiras de saudar os guardiões com o pentagrama enquanto você observa cada uma das direções.

É possível usar o pentagrama de invocação genérico, que na verdade é o pentagrama de invocação do elemento Terra, ou então criar um pentagrama elemental específico do quadrante a ser aberto.

Como Devo Usar um Pentagrama de Evocação?

Os pentagramas, em geral, são desenhados com o braço esticado na altura da cintura e inclinado em um ângulo de 60 graus em relação ao corpo. Você sempre deve olhar na direção da Torre de Observação elemental que estiver evocando. Os pentagramas devem ser do tamanho de um prato ou de um pequeno escudo.

Desenhe-os com o seu punhal, athame, varinha, com o indicador e dedo médio da sua mão dominante, ou com todos os dedos da mão juntos.

Se estiver utilizando pentagramas elementais diferentes para abrir uma Torre de Observação, desenhe o pentagrama na direção *oposta* ao ponto elemental do pentagrama.

Para fechar as Torres de Observação ao final do ritual, trace o pentagrama *começando* do ponto elemental.

Evoque na *direção* do elemento e faça o banimento no sentido *oposto* ao elemento no qual estiver trabalhando.

Os pentagramas devem ser visualizados nas cores específicas de cada elemento — verde para a Terra, amarelo para o Ar, vermelho para o Fogo e azul para a Água — ou em qualquer tom de azul vivo.

Os diagramas a seguir servem para relembrar as posições elementais do pentagrama, a fim de que você saiba como iniciar o traçado:

EVOCAÇÃO DA TERRA.

BANIMENTO DA TERRA.

EVOCAÇÃO DA ÁGUA.

BANIMENTO DA ÁGUA.

PASSO 5: Convidando os Sábios

Em seguida, convide os ancestrais escolhidos (tanto os espirituais quanto os terrenos) para o círculo, junto dos guias espirituais e anjos da guarda de todos os presentes.

Vire-se para o Oeste e convide-os para se juntarem ao ritual; você pode fazer isso assoprando uma corneta, chamando-os em voz alta, dando nove batidas curtas em um tambor, tocando o sino nove vezes ou batendo no solo com seu cajado.

Se estiver ao ar livre, gire o corpo em uma volta completa, em sentido horário, começando a partir do Norte, de braços bem apertos e palmas voltadas para fora e em posição vertical, pedindo que adentrem o círculo todos os seres benignos e todos os espíritos da natureza que assim desejarem.

Por fim, vire-se para o Sul, de braços bem abertos outra vez, e pergunte às deidades (pode citar o nome delas, se quiser) se gostariam de entrar no seu círculo e participar do ritual.

PASSO 6: Definindo o Propósito Cerimonial do Ritual

Se estiver trabalhando sozinha, comece com *Eu sou* e reafirme suas denominações mágicas. Então diga: *Venho aqui neste lugar, a esta hora, para [diga o propósito do ritual].*

Faça suas oferendas à tigela central. Se houver outras pessoas presentes, cada um dos participantes deve fazer sua oferenda, ou, na ausência dela, passar a tigela de mão em mão.

O responsável por liderar o ritual deve abençoar as oferendas, utilizando as quatro substâncias elementais — sal, incenso, vela e água sacramentada —, passando-as sobre o recipiente ou borrifando-as ao redor deste.

Agora faça o mesmo com as quatro ferramentas sagradas. Primeiro com o pentáculo, depois com a ponta do athame, então com a ponta da varinha e, por fim, com o cálice, fazendo as bênçãos elementais.

Então, segurando o prato de oferendas, passe-o ao redor do círculo quatro vezes e peça aos presentes para que lhes encham de dádivas, primeiro à Terra, depois ao Ar, ao Fogo e, por fim, à Água.

PASSO 7: O Corpo do Ritual

O corpo do ritual envolve carregar as oferendas com poder, da mesma forma que se faz ao lançar feitiços: com danças, rufar de tambores, cânticos etc. Deve-se sempre escolher alguém para liderar o grupo, fazendo uma dança em espiral ou em círculo, cada vez mais rapidamente, ao redor do altar.

A potencialização também pode se dar por meio da fala — com palavras de sabedoria — da Deusa e do Deus, e então você ou qualquer um que fale por eles deve explicar espontaneamente o propósito do ritual. Qualquer participante também pode ficar à vontade para vocalizar as próprias palavras caso se sinta inspirado.

PASSO 8: Liberando o Poder/A Resolução

Uma vez que o poder tenha sido despertado, ele deve ser liberado para ascender e depois cair sobre as oferendas simbólicas. Todos os presentes devem dar um salto final, bater palmas, e então se sentarem ou permanecerem de pé, imóveis, a fim de permitirem que o poder adentre as oferendas e todos os presentes.

PASSO 9: O Rito do Cálice e da Lâmina

Em um ritual personalizado, essa seria a parte de encerramento da cerimônia, e, como um grupo, os bolos/a cerveja seriam uma extensão dela.

Pegue o cálice/taça com a sua mão receptiva e o athame com a sua mão dominante e pressione devagar a ponta do punhal de modo que quase toque a superfície do vinho ou do suco. Isso representa as energias de união da Deusa (representada pelo cálice) e do Deus (representada pelo punhal). Diga: *Do macho para a fêmea, do Deus para a Deusa, que neste vinho/suco estejam unidos o poder e o amor, a força e a compaixão, o esforço e a aceitação. Abençoado seja.*

Derrame um pouco do líquido no solo ou, caso esteja em um ambiente fechado, em uma tigela específica, que deve ser esvaziada do lado de fora ao fim do ritual. Agora beba um pouco do conteúdo, deixe o restante no altar ou vá passando pelo grupo para que cada um tome um gole e troque um beijo em cada bochecha, dizendo: *Abençoado seja.*

PASSO 10: Substituindo o Cálice/Lâmina por Bolo/Cerveja

Este passo acrescenta os elementos da Terra/grãos à Água/vinho (de maneira semelhante à comunhão cristã) e é inteiramente opcional.

Você vai precisar de pequenos bolos ou biscoitos feitos de mel para cada um dos participantes, além de mais um que servirá de oferenda, e de um cálice cheio de vinho ou de suco de frutas de cor escura.

Se mais de uma pessoa estiver presente, uma pode abençoar os bolos e outras duas pessoas podem abençoar o vinho.

Antes do ritual, ajeite os bolos voltados para o Norte do altar em um prato marcado com um pentáculo. O cálice, por sua vez, deve estar sempre a Oeste.

Ao fim do ritual, levante os bolos em direção ao céu diante do altar enquanto permanece com o corpo parado ao Sul, porém com o rosto encarando o Norte.

Abaixe os bolos até o nível do seu plexo solar e faça uma evocação do pentagrama da Terra, ou então desenhe cruzes imaginárias acima deles usando sua mão dominante conforme segura o prato com a outra e diz: *Que a abundância da Mãe e a generosidade do Pai abençoem e nutram, sustentem e protejam a mim/a nós todos os dias. Abençoado seja.*

Coloque o prato no centro do altar.

Pegue o cálice/taça com a sua mão receptiva e faça o ritual do cálice e da lâmina.

Em seguida, retorne o cálice para o centro do altar, agora à direita dos bolos.

Tire migalhas de um dos bolos e espalhe-as sobre o solo ou dentro do recipiente de oferendas enquanto recita: *Retorno este presente à Mãe Terra em gratidão pelas bênçãos recebidas. Que as bênçãos recaiam sobre a Mãe e sobre mim/todos reunidos aqui.*

Agora, todos aqueles que iniciaram as bênçãos ritualísticas devem comer um bolo e então passar o recipiente ao redor para todos os presentes. Ao receber o bolo ou biscoito, deve-se dizer: *Abençoado seja.*

Retorne o prato ao altar e pegue o vinho, jogando algumas gotas no solo e agradecendo de novo à Mãe Terra por suas bênçãos. Caso esteja em um ambiente fechado, despeje a oferenda em um recipiente. Você pode jogar as migalhas e o líquido do lado de fora ao fim da cerimônia.

Agora beba ou ofereça a bebida a quem abençoou o cálice. Ele ou ela devem dar um gole e oferecer a bebida de volta a você ou a outra pessoa que tenha ajudado na bênção, dizendo: *Abençoado seja.*

Se houver mais pessoas, passe a taça ao redor para que todos possam dar um gole, repetindo a frase: *Abençoado seja.*

PASSO 11: Devolvendo as Energias

Este é um momento especial, antes do fechamento do círculo, que deve ser usado para fazer oferendas pessoais ou do grupo. Coloque água em uma tigela ou caldeirão, acenda velas ao redor ou passe uma esfera de cristal pelo círculo. Entoe bênçãos de cura, cante, bata o tambor suavemente ou faça desejos enquanto encara a chama de uma vela. Caso esteja sozinha, este se mostrará um ótimo momento para escrever em seu Livro das Sombras.

PASSO 12: Fechando os Quadrantes

Vire-se para o Sul caso tenha convidado deidades, abra bem os braços como fez anteriormente ao evocá-las, e agradeça-as, dizendo: *Saudações e adeus. Até que nos encontremos outra vez.* Todos os participantes podem fazer o mesmo.

Encare o Oeste e se despeça dos ancestrais batendo seu cajado no chão ou tocando um sino, exatamente como fez para evocá-los, depois agradeça-os, dizendo: *Saudações e adeus. Até que nos encontremos outra vez.*

Logo em seguida, vá para o perímetro Oeste do círculo e feche o portão elemental referente à Água (alguns o fazem do Norte para o Leste). Tente de ambas as formas e veja qual funciona melhor para você. Aqui dou a alternativa que me parece mais vantajosa: termine exatamente no lugar onde você começou a evocar o Guardião do Norte.

Levante os braços e abra-os bem, com as palmas voltadas para cima, e diga: *Saudações e adeus aos Guardiões do Oeste*, agradecendo-os por sua proteção e força, e acrescente, *Até que nos encontremos outra vez.* Aqui, todos os presentes devem se voltar para o Oeste e ecoar: *Saudações e adeus.*

Faça o banimento apropriado para cada pentagrama elemental, em cada quadrante do altar, antes ou depois da despedida, ou então faça o banimento do pentagrama genérico.

Então, devagar, feche cada portal, circulando em movimentos anti-horários a partir do lugar de onde começou o fechamento, dizendo: *Saudações e adeus. Até que nos encontremos outra vez*, até que esteja exatamente no lugar onde começou.

Vá apagando todas as velas direcionais que estiverem no caminho.

Algumas pessoas fecham os portais na mesma direção em que foram abertos — em sentido horário, a partir do Norte —, e você pode fazer isso logo após ter se despedido dos ancestrais, seguindo o sentido horário. Contudo, o movimento anti-horário me parece o mais acertado nesse caso.

PASSO 13: Destraçando o Círculo

Diga ou cante: *Que o círculo que foi traçado seja eternamente inquebrável e que o amor da Deusa permaneça eternamente em meu/nossos corações. Felizes nos encontramos, felizes nos separamos e felizes nos reencontraremos.* (Um cântico Wicca bastante popular.)

Outro favorito é: *Que eu/nós nunca sinta(mos) fome. Que eu/nós nunca sinta(mos) sede. Que eu/nós nunca chore(mos) a sós, carente(s) de braços amorosos. Que a Deusa me/nos segure na palma de sua mão até que nos encontremos outra vez.*

PASSO 14: Após o Ritual

Caso esteja em grupo, é comum haver a declamação de poemas ou canções, ou o consumo de uma refeição compartilhada. Se estiver sozinha, coma algo especialmente saboroso e tome uma bebida enquanto escuta uma música bem suave e agradável.

Deixe as velas do altar queimando até o fim.

6

A Deusa

MANUAL PRÁTICO DA
WICCA

A DEUSA É UMA FIGURA CENTRAL NA WICCA E, geralmente, é o foco do ritual. Ela é vista como a responsável pela origem do mundo — foi quem deu à luz as pessoas, todas as criaturas, o sol, as estrelas, a lua. O Deus (em algumas culturas chamado de "o filho" ou "o consorte") foi sua primeira criação. É por isso que os homens praticantes da Wicca — também parte da criação dela — possuem a fagulha da Deusa e têm seu poder presente no interior deles.

De fato, na Wicca moderna, a carga mágica e as palavras sagradas de poder direcionadas a Deusa — atribuídas a Doreen Valiente, no texto "A Carga da Deusa", a Alta Sacerdotisa de Gerald Gardner, o fundador da Wicca — dizem: *É de Mim que todas as coisas procedem e é para Mim que elas devem retornar. Permita que vosso recôndito Eu divino seja envolvido pelo êxtase do infinito.*

A MÃE DE TODOS

O conceito de "Mãe de Todos" descreve uma força cósmica que abrange a todos e da qual a vida emerge, contendo em si as dualidades: o feminino e o masculino; a sombra e a luz; o potencial para o bem e para o mal; a criação e seu alter ego, a destruição; a vida e a morte; e, por fim, o renascimento e a renovação.

As primeiras estatuetas de pedra da Deusa Mãe da fertilidade datam de mais de 20 mil anos atrás e são oriundas de lugares desde os Pireneus até a Sibéria. As primeiras representações das mães da fertilidade, utilizadas para evocar a fecundidade na humanidade e nas hordas animais, eram retratadas como gestantes, desprovidas de rosto e ostentando quadris e seios avantajados.

Os rituais de fertilidade se mantiveram no coração das relações entre os humanos e a Mãe Terra assim que eles se voltaram para a agricultura, pois acreditava-se que a fertilidade da terra, dos animais e das pessoas estava inextricavelmente interligada. Acreditava-se que fazer amor nos campos no momento do plantio despertava a felicidade da terra e do povo.

A figura do Deus também se metamorfoseou com o passar do tempo. Foi de Deus Cornífero para caçador, o deus-chefe na Wicca; também se tornou o deus da vegetação; considerado protetor e vingador dos fazendeiros; guerreiro, padre ou rei; e deus do sacrifício dos grãos.

O CASAMENTO SAGRADO

Os poderes do Deus e da Deusa, em separado, são as raízes da magia Wicca desde os tempos Neolíticos. Por isso, alguns covens e praticantes da Arte recorrem ao sexo mágico — sempre entre casais comprometidos e de maneira privada — como forma de ativar a liberação do poder mágico por meio do orgasmo mútuo. Contudo, o ritual do casamento sagrado se dá com mais frequência da forma descrita no capítulo anterior, com o punhal ou o athame, simbolizando o poder gerador masculino, adentrando o cálice de água abençoada ou vinho, estes simbolizando as águas uterinas do feminino.

RECEBENDO O PODER DA DEUSA PELA MÁGICA E FORTALECENDO A DEUSA INTERIOR

No Antigo Egito, acreditava-se que falar e agir como se fosse uma deidade era uma forma de amplificar o poder dela dentro de si, pois, segundo a tradição, todos contemos uma fagulha da Deusa, afinal, somos parte dela e de sua criação. As palavras sagradas ou a chamada "Carga da Deusa" são parte da tradição wiccana.

A CARGA DA DEUSA

Na magia moderna, o ato de invocar o poder da Deusa foi incorporado em uma cerimônia formal chamada Carga da Deusa. Ela costuma ser realizada nas noites de lua cheia, nos *esbats*, como parte do ritual Puxando a Lua Para Baixo. Acredita-se que é possível induzir a um transe no qual a Deusa consegue falar por meio da pessoa que o realiza. Isso pode acontecer durante o ritual ou com meditação privada, independentemente de o ritual estar sendo feito a sós, em grupo ou em um coven formal.

Criando sua Própria Carga da Deusa

A carga da Deusa é um veículo para o poder, de modo que seu agente fale palavras inspiradas como se fosse a figura da Deusa. Com o tempo, você vai descobrir que suas palavras muito bem-pensadas ou planejadas podem mudar conforme aumenta a conexão com o poder físico da Deusa. Mas não há problema — é sinal de que sua carga está evoluindo com o tempo.

Seguindo a tradição de Gerald Gardner, Doreen Valiente, uma bruxa muito talentosa, trabalhou arduamente para criar uma bela carga da Deusa para seu coven. Você pode encontrar diversas versões desta carga na internet. A original, contudo, foi dita na forma da Deusa da Lua — Diana, e registrada no livro *Aradia: O Evangelho das Bruxas*. É dito que seu autor, Charles Leland, recebeu o manuscrito original da obra das mãos de uma bruxa italiana chamada Maddalena, no fim da década de 1890.

No entanto, acredito ser útil — mesmo que esteja praticando a bruxaria formal com seu coven — que cada praticante crie, individual ou coletivamente, sua própria Carga da Deusa.

No início, trabalhe utilizando a estrutura sugerida nas páginas a seguir ou procure uma versão on-line. Faça o possível para gravar o áudio do ritual.

Escute a gravação depois, mas não tente reproduzi-la palavra por palavra. Em vez disso, use as palavras como inspiração, pessoal ou do grupo, e eleja uma pessoa para ser a escriba.

Escolha uma carga curta, de forma que possa ser memorizada com facilidade. A partir de então, use-a em seus rituais personalizados da Deusa e recite-a durante as luas cheias.

OS PASSOS DA CARGA
PASSO 1: A Mãe em Todos os Seus Aspectos

Esta seção de abertura se refere à Mãe de Todos, à força generativa e criativa que contém tanto a energia masculina quanto a feminina; sombra e luz; criação e destruição; nascimento e renascimento.

Eu sou a Grande Mãe, aquela conhecida por muitas formas e nomes distintos desde o início dos tempos, embora seja sempre única e a mesma, vossa amável e protetora Mãe. Criei-te, por isso estou contigo e tu estás em mim, então não temais — em vez disso, ama-me, respeita-me e reverencia-te.

PASSO 2: A Deusa Como Fêmea e Rainha da Terra e dos Céus

Continue falando como se você fosse a Deusa. Nesta seção, você pode acrescentar os nomes de quaisquer deusas listadas neste capítulo ou que você tiver conhecido em livros ou na internet. A deusa Isis, do Antigo Egito — considerada uma das formas mais comuns da Deusa Wicca —, recebe a denominação de "Deusa dos 10 mil Nomes", um lembrete de que todas as deusas (e todos os deuses) provêm de uma única energia.

Quando a lua está cheia, em qualquer período do dia ou da noite, em todas as estações do ano — ou onde quer que estejas e necessites da minha ajuda, sabedoria ou conforto —, encontra um lugar tranquilo e evoca-me para tua vida, para redespertar minha presença dentro de ti. Sou não apenas vossa Mãe, mas também vossa irmã, filha e avó.

Trazei-me vossas esperanças com o crescer da lua e compartilhai vossos sonhos quando ela estiver cheia, pois ajudar-vos-ei a realizá-los. Permiti que eu leve embora vossos pesares e temores junto à lua que morre a cada mês. Pois estou convosco na vossa juventude e na vossa maturidade, sempre que chamares.

Eu estou na lua quando ela passa pelo céu, eu estou na brilhante carruagem do sol do meio-dia, eu estou na terra fértil e nas águas imponentes e nas estrelas da noite. Tu também és como a lua, o sol, a terra fértil, as águas, as estrelas, os quatro ventos e a chuva vivificadora. Como eles, como eu, tu és a eternidade.

PASSO 3: Os Presentes da Deusa

A carga aqui está focada nos presentes que recebemos da Deusa.

Venho a ti em amor como uma mãe gentil. Posso defender-te ferozmente, meus jovens, enquanto simultaneamente espero sempre o bem maior e as mais puras palavras, ações e pensamentos de vós, minhas crianças preciosas. Assim como dou a vida, na morte tudo retorna a mim para ser transformado, renovado e renascido. Eu estava contigo no começo de tudo e contigo estarei no final, segurando tua mão conforme adentras a luz restauradora.

PASSO 4: As Responsabilidades e as Bênçãos Trazidas pela Conexão com a Deusa

Nesta seção falaremos sobre manter a conexão com a Deusa por meio de seu próprio despertar e do desenvolvimento de sua fagulha, âmago ou divindade.

Se sempre trabalhas magicamente com honra, amor, humildade e pensando no bem maior, tu carregas dentro de ti meu poder e minhas bênçãos curativos. Então constrói o que é de valor duradouro e espalha luz e bondade pela terra. Pois aquilo que ofereces voluntariamente àqueles que necessitam, restaurarei a ti com a lei tríplice, do três vezes três, e mais, através dos tempos, para todo o sempre.

Somos parte do círculo e somos o círculo. Que ele, traçado em meu nome, viva eternamente em vossos corações e em vossas vidas, sem começo ou fim, tal qual o meu amor.

Abençoados sejam.

O PODER DA DEUSA DA LUA

Embora o ritual Puxando a Lua Para Baixo seja mais comum em cerimônias formais baseadas na Carga da Deusa, esta versão simplificada pode ser realizada de maneira efetiva tanto estando sozinha quanto junto de um grupo de amigos ou coven, durante a lua cheia.

Inicie o ritual traçando o círculo e escolha uma pessoa para recitar a carga enquanto as outras se movimentam com suavidade, absorvendo as palavras e a sabedoria proferidas pela Alta Sacerdotisa ou líder ritualístico. Quando completar a carga, todos os participantes podem dizer palavras inspiradoras.

A seguir você deve providenciar um caldeirão ou uma tigela de vidro com água e sinos de prata — acoplados em um aro ou pendurados em um cordão — para cada um dos participantes.

Com o corpo voltado para a lua, coloque o caldeirão ou a tigela na sua frente ou no centro do grupo ou coven.

Segure os sinos com sua mão receptiva.

Levante-se e fique imóvel sob a luz da lua, olhe para ela. Neste primeiro ritual, ela deve estar com um brilho intenso. Conforme você se habitua à cerimônia, será capaz de visualizar a lua emitindo raios cintilantes mesmo quando o céu estiver nublado. Você também pode colocar velas prateadas ao redor do caldeirão ou da tigela.

Se houver mais de uma pessoa no ritual, faça um círculo com espaço suficiente para que todos consigam girar no mesmo lugar. Levante os braços para o alto e abra-os bem, com as palmas voltadas para cima e levemente curvadas.

Evoque a Deusa da Lua com um cântico: *Puxando a Lua Para Baixo, puxando o poder para baixo, Mãe, ó Grande Mãe, neste momento. Puxando a Lua Para Baixo, puxando o poder para baixo, Selene, Diana, Isis, Hécate, Cerridwen, Mães da Lua. Venham a mim. Encham-me de vida e luz, Mães da Lua.*

Dance ao redor da água, cantando e se movendo em espirais e círculos em sentido anti-horário, sacolejando os sinos ritmicamente.

Quando acelerar bastante, pare e comece a girar em pequenos círculos anti-horários, ainda cantando. Essa técnica funciona melhor quando se está sozinha do que em grupo.

Enquanto se movimenta, faça círculos com os braços, passando-os ao redor do seu corpo, cantando e se movimentando cada vez mais rápido, até sentir vertigens.

Com uma evocação final do cântico, *Entrem em mim. Estejam comigo, ó Mães da Lua*, agache-se, e então olhe para cima. Nesse momento você verá a lua descendo em sua direção. Ainda que o efeito seja psicológico, é o método psíquico mais efetivo que conheço para atingir o auge da experiência.

Se estiver sozinha, você pode falar ou cantar em voz alta palavras que lhe surjam espontaneamente, canalizadas pela Mãe Lua.

Utilize o poder absorvido a fim de direcionar um pedido ou mandar um desejo de cura. Aponte com os dedos esticados para a direção da qual sua realização deve vir, ou então para a direção que a cura deve seguir.

Quando sentir que é o momento certo, encare a água dentro da tigela ou do caldeirão, onde a lua estará brilhando, e permita que sua mente seja tomada pelas imagens do seu desejo.

Caso esteja trabalhando com outras pessoas, cada um dos participantes deve se aproximar da água em um círculo apertado, ajoelhando-se ou sentando no chão. Você deve passar a tigela para cada um dos membros do grupo e cada um deles pode dizer as palavras que lhes vier à cabeça para descrever as imagens fornecidas pela voz da Mãe da Lua.

Permaneça sob a luz da lua, cantando, sonhando ou lendo suas cartas de tarô. Você pode criar um cântico da lua inspirador para registrar em seu Livro das Sombras.

Deixe a água ao ar livre da noite para o dia, recebendo os raios lunares. Essa água pode ser utilizada depois para feitiços de cura, para unções, para rituais do elemento Água ou como benção a ser usada no mês que virá.

7
O Deus

MANUAL PRÁTICO DA
WICCA

N A MAIORIA DAS TRADIÇÕES WICCANAS, A DEUSA é a divindade suprema. Ela é mais poderosa do que a figura do Deus, afinal de contas, já aprendemos que ele se origina dela própria.

Contudo, embora a Deusa exerça um papel maior, de primeira e principal Criadora, ela também oferece aspectos específicos de *anima* e *yin*, formando um alter ego e equilibrando-se às energias do Deus.

Na bruxaria, há um vasto leque de deidades, de diferentes eras e culturas, com as quais podemos nos conectar. Isso acontece para que possamos nos identificar com aquelas que são pessoal e ritualmente certas para cada um de nós. Claro que, por isso, você tem a liberdade de escolher o seu Deus e a sua Deusa, podendo buscar em diferentes panteões e culturas.

Ao longo do seu aprendizado, e de suas pesquisas e rituais divinos, anote as características de cada um dos deuses e deusas em seu Livro das Sombras. Desse modo, você poderá mesclar e combinar características para o seu casal de deuses, lembrando sempre que todos os deuses são um Deus e que todas as deusas têm diferentes atributos do poder da mesma Deusa.

CRIANDO E USANDO A CARGA DO DEUS

Você encontrará informações sobre a Carga do Deus na literatura wiccana, mas também pode criar a sua, da mesma forma como criou a Carga da Deusa.

Se estiver trabalhando sozinha, tente criar a sua carga ao sentar-se sob a luz radiante do sol. Diferentemente da carga da Deusa, que deve ser feita sob a lua cheia, essa carga costuma estar ligada ao poder do Deus Sol. Ela pode ser realizada durante o solstício de verão, ao meio-dia, ao entardecer, ou durante rituais nos quais você deseja extrair poder do Deus para adquirir força ou coragem. Você pode recitar a Carga do Deus diretamente para o seu altar ou ao ar livre, à luz do sol, a fim de absorver e gerar sua energia interior do Deus Cornífero.

Em grupo, passe uma varinha ou athame de pessoa para pessoa, declarando tudo que o Deus significa para você.

Se estiver sozinha, encare uma esfera de cristal transparente e visualize diferentes imagens de poder e glória que a inspirem a seguir seus sonhos.

Uma vez que essas imagens estejam nítidas, diferentes pessoas podem recitar partes diferentes da Carga durante as cerimônias. Ou uma única pessoa, designada como o Alto Sacerdote (ou Alta Sacerdotisa), pode falar enquanto as outras visualizam o Deus e drenam seu poder para dentro de si mesmas.

UM RITUAL DE CURA POR MEIO DO SÍMBOLO SAGRADO DO MATRIMÔNIO

O ritual Puxando a Lua Para Baixo pode ser acrescentado a este e a qualquer outro ritual. Você pode executá-lo em grupo ou por conta própria.

Prepare o altar, trace o círculo da maneira costumeira e abra as Torres de Observação.

Acenda a vela da Deusa e, com a sua chama, a vela do Deus, dizendo: *Assim como um se torna dois, que as bênçãos aumentem e a luz cresça.*

Acenda um cone de olíbano, ou um bastão de incenso de sândalo, primeiro sobre a chama da vela da Deusa e depois sobre a vela do Deus, dizendo: *Assim como um se torna dois, que as bênçãos aumentem e o poder cresça.*

Segure sua varinha ou athame e erga em direção aos céus, ao sol, ou à lua em um ângulo de 60 graus.

Você (e todos os presentes) deve levantar suas ferramentas escolhidas e dizer: *Em nome da semente e da raiz, do caule e do botão, da folha, da flor e do fruto, eu os nomeio Deus e Deusa [diga o nome das deidades escolhidas].*

Em seguida, caso esteja trabalhando por contra própria, toque o centro de sua testa com a lâmina do athame ou com a varinha, depois aponte-a para os seus pés, e diga: *Que sejam abençoados os pés daqueles que percorrem os seus caminhos de luz.*

Direcione sua ferramenta para os joelhos e diga: *Que sejam abençoados os joelhos que se ajoelham sobre a terra prateada em louvor.*

Então direcione a ferramenta para o seu útero ou para as suas genitálias e diga: *Que seja abençoado o útero/a fonte de procriação que constantemente se renova e gera a vida.*

Depois aponte-a para o coração, dizendo: *Que seja abençoado o coração do amor, da beleza e da força.*

Por fim, toque os lábios com gentileza e diga: *Que sejam abençoados os lábios que proferem palavras de mistério e verdade divina.*

No entanto, se você estiver em um grupo, formem um círculo ao redor da Deusa designada e apontem suas ferramentas para ela enquanto dizem as palavras encantadas. Ela deverá permanecer em

O DEUS

silêncio e imóvel, apontando seu athame ou varinha para o alto, em direção ao sol, à lua ou ao céu, enquanto o Deus designado toca seu corpo gentilmente com o próprio athame ou varinha.

Na fase seguinte, se você estiver trabalhando sozinha, levante-se e aponte outra vez o athame em direção ao sol, à lua ou ao céu, dizendo: *Em nome da semente e da raiz, do caule e do botão, da folha, da flor e do fruto, da Vida e do Amor, eu os nomeio graciosos Deusa e Deus. Encham-me com suas bençoes e com as suas sabedorias.*

Se estiver em grupo, aponte de novo sua lâmina ou varinha para as figuras no centro do círculo e entoe o cântico em conjunto, adaptando as palavras se necessário. Novamente, a figura da Deusa deve permanecer em silêncio e com o athame apontando para a lua, o sol ou o céu.

Se estiver sozinha, abaixe sua lâmina e permaneça no lugar, com as pernas levemente separadas e os braços erguidos.

Se estiver em grupo, a Deusa designada deve recitar a Carga da Deusa sob a luz da lua, ou o Alto Sacerdote designado deve recitar a Carga do Deus (se estiverem trabalhando à luz do dia, ou no alvorecer), enquanto os outros se movimentam com suavidade, apontando seus athames ou varinhas para os dois deuses. Recite a carga apropriada caso esteja sozinha.

O ritual Puxando a Lua para Baixo não pode ser feito com rodopios, mas sim empunhando sua ferramenta mágica escolhida, apontando-a para a lua e permitindo que seu poder invada você, ou cada um dos participantes do grupo, conforme escutam à Carga da Deusa ou, no caso de estar trabalhando só, dizendo-a em voz alta.

Agora o Deus designado deve pegar uma lâmina ou varinha do lugar no altar onde a Deusa designada a colocou anteriormente. Ela deve segurar o cálice e dizer: *A quem serve esta lâmina?*; ele deve levantá-la acima do cálice e responder: *A você, minha Deusa, para todo o sempre e para todos os que precisam de seu poder e proteção.*

Ela deve então levantar o cálice até que a lâmina esteja quase encostando no líquido dentro dele enquanto ele pergunta: *A quem o Santo Graal deve curar?*; e ela deve responder: *A você, meu Deus, para todo o sempre, e a todos aquele que buscam o amor e a fertilidade.*

Neste momento, ele deve levantar o cálice acima da vela da Deusa e dizer: *Do útero da Mãe.*

A Deusa deve então passar a lâmina através da fumaça do incenso e dizer: *E da semente do Pai.*

Em seguida, o Deus designado deve mergulhar sua faca dentro do cálice, ou da taça, e dizer: *Que se dê a unidade da criação. Que o Deus e a Deusa estejam sempre juntos e que o propósito deste ritual seja realizado na unidade do amor e da cura.*

Caso esteja trabalhando sozinha, pode assumir para si os dois papéis.

Na sequência, o cálice deve ser passado de uma pessoa para outra, até que a Deusa designada o ofereça ao Deus designado, que por sua vez deve oferecer o cálice a ela em retribuição. Então ela deverá derramar um pouco do conteúdo no solo.

Após tal ato, todos podem falar, pedir ou oferecer as bênçãos.

Por fim, quando tudo estiver terminado, feche as Torres de Observação, destrace o círculo e apague as velas.

Roda do Ano

MANUAL PRÁTICO DA
WICCA

A RODA DO ANO É COMPOSTA POR OITO DIVISÕES muito importantes na tradição Wicca. Essas divisões compõem o ano em períodos de, aproximadamente, seis semanas.

O ANO DIVIDIDO EM OITO FESTIVAIS

Algumas bruxas do Hemisfério Sul organizam seus trabalhos em torno de um calendário semestral ao celebrarem, por exemplo, o solstício de verão por volta de 21 de dezembro.

A ESTRUTURA DA RODA

Os Quatro Festivais Solares, os Grandes Sabás, os Sabás Menores, os equinócios e os solstícios que ocorrem no meio do caminho das quatros estações podem mudar de data, variando de um a dois dias, a depender do ano e da inclinação da Terra.

No quesito mágico, esses festivais são celebrados como nos outros quatro pontos da Roda do Ano — do nascer do sol até a noite anterior, o começo do dia celta, e até o pôr do sol do dia, após a data do festival, por um período de 48 horas.

Em sentido horário:
Yule/Solstício de Inverno • 21 de dezembro
Embolic/Imbolc • Fevereiro
Ostara/Equinócio de Primavera • 21 de março
Beltane • 1 de maio
Litha/Solstício de Verão • 21 de junho
Lammas/Lughnasadh • 1 de agosto
Mabon/Equinócio de Outono • 21 de setembro
Samhain • 31 de outubro

As datas estão de acordo com o Hemisfério Norte.

Os dias dos Grandes Sabás, que costumam acontecer entre os festivais solares, são quatro festivais do fogo, que compõem alguns dos mais importantes ritos do calendário wiccano. Você pode criar suas próprias celebrações ritualísticas — pode fazê-las sozinha, em um coven ou com sua família e amigos.

Esses sabás maiores às vezes são calculados, como o dia no qual o sol entra em um ângulo de 15 graus em Escorpião para o Samhain (fim de outubro ou começo de novembro); em outro ângulo de 15 graus em Aquário para o Embolic/Imbolc (fim de janeiro ou começo de fevereiro); em outros 15 graus em Touro para o Beltane (fim de abril ou começo de maio); e, por fim, mais 15 graus em Leão para Lughnasadh (fim de julho ou começo de agosto).

Para cada festival, escreva em seu Livro das Sombras a história em progresso da sua Roda do Ano particular e anote seus planos sempre que a Roda completar a volta completa ao fim de doze meses.

OS FESTIVAIS

Invente sua própria celebração, sozinha ou em grupo, utilizando velas de cores apropriadas. Estando em um grupo maior, disponibilize um caldeirão ou uma tigela de oferendas.

IMBOLC (IMBOLG) OU OIMELC

Data: 31 de janeiro – 2 de fevereiro (Hemisfério Norte) e 1º de agosto (Hemisfério Sul)

Tipo: Grande Sabá

Foco do festival: Novas ideias, planejamento, novos amores, adquirir confiança, primeiros passos no lançamento de novos projetos, redução de conflitos, crianças recém-nascidas, bebês e jovens animais.

Direção: Nordeste.

Local na Roda: *Oimelc* é o nome dado ao primeiro leite disponível da ovelha após o inverno. *Imbolc* significa "fogo na barriga", é o despertar da paixão da Deusa Donzela.

ALBAN EILER, OSTARA
OU EQUINÓCIO DE PRIMAVERA

Data: 20 de março – 22 de março (Hemisfério Norte) ou 21 e 22 de setembro (Hemisfério Sul).

Tipo: Sabá Menor.

Foco do festival: Fertilidade, mudanças positivas, recomeços e oportunidades, florescimento do amor, viagens, mudanças de lar, limpeza de coisas estagnadas na vida, concepção, gravidez, crianças e jovens.

Direção: Leste.

Lugar na Roda: *Alban Eiler*, em gaélico, significa "A Luz da Terra que retorna de Outro Mundo após a passagem do inverno". Ostara é a deusa nórdica da primavera.

BELTANE OU BELTAINE

Data: 30 de abril – 2 de maio (Hemisfério Norte) ou 31 de outubro (Hemisfério Sul).

Tipo: Grande Sabá, o segundo mais importante do ano e que demarca o início do verão celta.

Foco do festival: Para aqueles na faixa dos 30 e 40 anos, para atrair fertilidade, para aumentar o compromisso no amor, obter a consumação do amor, desenvolver a criatividade, melhorar a saúde e promover a abundância.

Direção: Sudeste.

Lugar na Roda: Seu nome é uma homenagem ao deus gaulês do fogo e do sol — Bel, Belenus, Belinus ou Belenos; e à deusa gaulesa do fogo e do sol — Belissima.

ALBAN HERUIN, LITHA, MID-SUMMER OU SOLSTÍCIO DE VERÃO

Data: 20 de junho – 22 de junho (Hemisfério Norte) ou 21 e 22 de dezembro (Hemisfério Sul).

Tipo: Grande Sabá.

Foco do festival: Poder, alegria, coragem, potência masculina, sucesso, casamento, pessoas de meia-idade, felicidade, riqueza e oportunidades de carreira.

Direção: Sul.

Lugar na Roda: *Litha* significa "luz", e *Alban Heruin* significa "luz do porto quando o sol inunda a terra, amadurecendo as colheitas" (o dia mais longo do ano). A primeira luz do solstício funciona como uma camada de ouro sobre as rochas e os círculos de pedra, conectando as dimensões.

LUGHNASADH/LAMMAS

Data: 31 de julho – 2 de agosto (Hemisfério Norte) e 2 de fevereiro (Hemisfério Sul).

Tipo: Sabá menor.

Foco do festival: Pessoas em seus 40 e 50 anos, justiça, direitos humanos, parcerias pessoais e profissionais, contratos ou questões envolvendo propriedades, desejo de se sacrificar por um bem maior.

Direção: Sudoeste.

Lugar na Roda: Seu nome é uma homenagem ao deus irlandês do sol, Lugh, que renova seu casamento sagrado com Eriu/Nass, a deusa irlandesa da terra, transferindo sua luz restante para que ela continue a fazer vicejar as colheitas.

ALBAN ELUED, MABON, EQUINÓCIO DE OUTONO

Data: 21 de setembro – 23 de setembro (Hemisfério Norte) e 21 e 22 de março (Hemisfério Sul).

Tipo: Sabá menor.

Foco do festival: Completude de tarefas, fruição de objetivos a longo prazo, resolução de brigas, pagamento de dívidas, segurança material e financeira, auxílio em todas as questões envolvendo aposentadoria, idosos e doenças crônicas.

Direção: Oeste.

Lugar na Roda: *Alban Elued*, em gaélico, significa "luz na água". Refere-se ao sol se afastando das águas para brilhar sobre as Ilhas Afortunadas.[*] Nas celebrações tradicionais, a Alta Sacerdotisa distribui trigo, frutas e vegetais aos participantes da cerimônia.

SAMHAIN

Data: 31 de outubro – 2 de novembro (Hemisfério Norte) e 30 de abril (Hemisfério Sul).

Tipo: Grande Sabá, o mais importante do ano, representando o início do inverno celta e o Ano-Novo.

Foco do festival: Para pessoas na faixa dos 70 e 80 anos, ancestrais familiares, para enxergar o passado e adivinhar o futuro, para obter proteção física e psíquica, para superar o medo de envelhecer e o medo da morte, para pessoas aposentadas.

Direção: Noroeste.

Lugar na Roda: Outro festival do fogo, *Samhain* significa "fim do verão", a época em que os rebanhos eram trazidos colina abaixo e os membros da família, incluindo os ancestrais, retornavam às suas propriedades para se protegerem do inverno.

---

[*] Ilhas Afortunadas, na mitologia grega e celta, são uma região de bênçãos na qual as almas são recebidas pelos deuses após a morte.

ALBAN ARTHURAN, YULE, MID-WINTER OU SOLSTÍCIO DE INVERNO

Data: 20 de dezembro – 22 de dezembro (Hemisfério Norte) e 21 e 22 de julho (Hemisfério Sul).

Tipo: Grande Sabá.

Foco do festival: O renascimento da luz e da esperança, o cultivo da felicidade doméstica, da segurança, da união familiar, da propriedade e do lar, aceitação daquilo que não pode ser mudado; para pessoas anciãs, para cuidadores, para receber os ausentes de volta ao lar.

Direção: Norte.

Lugar na Roda: *Alban Arthuran*, em gaélico, significa "a luz de Arthur" e refere-se ao renascimento de Arthur, o Rei Sol do mito, a Criança Divina. Nesta época, as pessoas fazem banquetes como gesto mágico para atrair abundância.

9
Coven

MANUAL PRÁTICO DA
WICCA

COVEN É O NOME DADO PARA UM TIPO ESPECÍFICO de reunião entre praticantes da Wicca, organizado formalmente sob a liderança de uma Alta Sacerdotisa, que deve ser treinada em uma tradição wiccana específica.

Dentro de um coven, é esperado que haja uma espécie de iniciação após um ano e um dia, ou alguma outra cerimônia que reconheça esse período mágico como sua entrada oficial no clã. Após dois anos, é possível subir para um segundo ou terceiro estágio da Wicca, o que permite que o praticante monte o seu próprio coven, se assim desejar.

Esse ritual costuma ser realizado por uma Alta Sacerdotisa, por uma donzela que dá assistência à Sacerdotisa ou por uma idosa, geralmente uma mulher sábia e experiente na arte da bruxaria. O número tradicional de participantes é treze, um número ligado à quantidade de luas durante o ano e também o número da Deusa.

Contudo, muitas pessoas que organizam grupos mágicos seguidores dos princípios Wicca trabalham de maneira muito menos formal. Neles, os membros adotam papéis distintos que dependem de seus talentos ou interesses. Também tem havido o surgimento de muitos covens com encontros on-line, o que é ótimo, pois são ambientes excelentes para praticantes solitários que desejem apoio e informação.

BRUXARIA SOLITÁRIA

Muitas bruxas escolhem desempenhar a arte sozinha, convidando apenas membros da família e amigos para os festivais sazonais. A maioria delas se inicia na magia por conta própria. Embora algumas pessoas utilizem magia cerimonial, muitas seguem uma magia popular, menos formal. Por essa razão, algumas de nós são "bruxas de fronteira", uma referência à época em que arbustos de espinhos eram plantados nas cercas ou fronteiras das casas de bruxas solitárias para afastar os curiosos. Esse título também se refere à habilidade que muitas bruxas têm de transitar entre mundos por meio de projeção astral.

COMO ENCONTRAR UM COVEN

Covens formais são raros de se achar, mas com persistência é possível encontrar o grupo certo para você. Muitos covens modernos não são adeptos da nudez ritualística, a fim de evitar constrangimentos. Isso também torna imprescindível a necessidade de estipular certos parâmetros na tentativa de evitar que o cerimonial afete as relações do cotidiano. É o caso, por exemplo, do sexo ritualístico entre o Deus e a Deusa; em covens modernos, a cerimônia é realizada de maneira simbólica, utilizando o cálice e a lâmina para representar o sexo sagrado. Outra opção é que a cerimônia seja feita por um casal previamente estabelecido, de maneira privada, uma vez que o círculo já tenha sido destraçado para evitar complicações.

É claro que a cautela se faz muito necessária, pois a natureza secreta da bruxaria torna difícil separar o joio do trigo e enxergar com clareza a existência de charlatões e tipos esquisitos que venham a se juntar ao grupo. Para encontrar o coven certo, tente acessar organizações pagãs e lojas esotéricas de boa reputação. Outra possibilidade é frequentar oficinas e celebrações realizadas por organizações que sejam bem reconhecidas na Wicca. Converse com as pessoas em eventos, visite festivais de cura, compre revistas pagãs de boa reputação e vá com calma até que tudo pareça se encaixar como deve. Nenhum coven respeitável vai fazer anúncios dizendo que está aberto para receber novos membros, convidar para encontros em lugares pouco seguros e muito menos pedir a você que faça coisas que causem desconforto.

Outra coisa que covens sérios não costumam fazer é apressar o praticante ou pressioná-lo para que se torne logo um membro do grupo. De fato, o oposto é muito mais comum. Fique alerta e evite ofertas que envolvam: assinaturas com sangue; iniciação por meio de sexo ritual com o Alto Sacerdote ou a Alta Sacerdotisa; ou a exigência de que você jure se jogar sobre uma espada caso abandone o coven ou cometa traição contando seus segredos.

Pagar grandes somas de dinheiro em troca de "treinamento" também não é aceitável. Pode ser que você precise dar dinheiro para cobrir os gastos de sua adesão junto a uma organização pagã ou de veneração à deusa, mas os valores costumam ser mínimos.

Wiccanos de verdade nunca impõem suas crenças sobre as outras pessoas e costumam ser incrivelmente reticentes diante de desconhecidos.

CRIANDO SEU PRÓPRIO COVEN

É sempre possível começar um coven próprio e menos formal com a companhia de amigos e sem se comprometer com nenhuma vertente específica da Wicca. Os covens wiccanos mais espirituais geralmente são aqueles que não têm uma Alta Sacerdotisa ou um Alto Sacerdote, mas sim os que optam por sempre revezar entre os participantes para organizar as reuniões e os rituais.

Um membro sábio pode ser designado para cuidar dos recém-chegados, explicar os rituais básicos, sugerir material de leitura e ajudá-los com o trabalho guiado de meditação e visualização a ser praticado em casa. Alguns membros podem assumir aspectos da Arte que os interessam e reunir informações sobre deidades ou quaisquer outros assuntos que possam ajudá-los durante as sessões informais.

Tão logo forme seu grupo, planeje os passos seguintes, decida-se sobre os tópicos, o local e quais artefatos serão necessários para seguir adiante.

Utilize um bom almanaque e um diário da lua que seja relevante na sua região. Você pode marcar os encontros tanto na lua crescente quanto na lua cheia para: cerimônias de velas, onde é possível queimar papéis com desejos e bênçãos usando a cor da vela correspondente ao seu signo do zodíaco; festivais sazonais; e para trabalhos especiais de cura.

Mantenham um fundo compartilhado para a compra de velas, cristais, incensos ou qualquer outro aparato necessário. Certifique-se de escolher uma pessoa específica para estar sempre responsável pela quantidade de suprimentos.

Designe uma ou duas pessoas para serem as responsáveis por organizar os festivais e por representarem o papel de Alto Sacerdote e Alta Sacerdotisa nessas ocasiões. Lembre-se de que o membro mais reticente do grupo pode se revelar o mais dinâmico deles, tendo talentos diferenciados, por exemplo, para os cânticos ou para o agrupamento de energias.

TESOUROS DO COVEN

Providencie uma caixa ou baú para guardar as ferramentas utilizadas pelo coven, como o cálice e o athame — que simbolizam a união da Deusa e do Deus —, para deixar sobre o altar onde os encontros serão realizados (lembre-se que cada um deve ter seu próprio athame ou varinha).

Itens como sinos de prata, cálices de cristal ou taças maiores podem ser trazidos da casa dos membros do grupo. Echarpes ou cobertores podem servir como excelentes toalhas para cobrir o altar. É possível confeccionar pentáculos com argila ou cera de abelha — faça disso uma atividade em grupo, caso ache a ideia interessante — e encontrar varinhas em passeios à floresta.

Tenha dois Livros das Sombras, um como forma de registro permanente, a ser copiado à mão pelo escriba do grupo, da forma tradicional; e outro que será uma espécie de almanaque que contará com a contribuição de todos os participantes. Lembre-se de sempre anotar no almanaque as fases lunares do mês e calcular os períodos do dia nos quais ocorre influência específica de determinados anjos e planetas. Uma opção é manter essas informações em uma conta conjunta no computador e imprimir cópias para todos os membros sempre que necessário.

10
Correspondências Mágicas

MANUAL PRÁTICO DA
WICCA

ESTE CAPÍTULO OFERECE UMA BASE PARA QUE VOCÊ consiga criar seus próprios feitiços e rituais utilizando elementos que existem no coração da magia Wicca. Levando em consideração que cada cor, fragrância, período do dia, fase lunar e até mesmo dia da semana tem seu significado mágico específico, ao misturar e combinar materiais e quantidades você pode elaborar com precisão as energias mágicas de que necessita.

As seguintes associações têm funcionado bem para mim há mais de quarenta anos e se baseiam em princípios mágicos bastante aceitos. Contudo, você pode encontrar outras alternativas válidas. Veja o que funciona melhor para você e, com a ajuda do seu Livro das Sombras, crie seu estilo pessoal de magia Wicca.

DIFERENTES TIPOS DE MAGIAS

Simpatias ou Magias de Atração
Diariamente, coloque uma moeda em um pote para incentivar o acúmulo estável de recursos materiais, ou então mantenha uma pequena boneca em um berço próximo à sua cama para que consiga conceber em breve. Movimentos *deosil* (em sentido horário) ajudam a atrair energias.

Feitiços de Banimento

Os feitiços de banimento afastam ou devolvem quaisquer negatividades, ataques psíquicos ou ameaças físicas a você, ao seu lar e àqueles que você ama. Também ajuda na remoção de maus hábitos e fobias. Acenda uma vela, pegue um barbante resistente e amarre um nó, então segure-o sobre a chama da vela. Quando o barbante arrebentar, diga *Eu corto as amarras que me prendem*. A seguir, apague a vela e enterre o cordão. Feitiços de banimento geralmente envolvem movimentos *widdershins* (em sentido anti-horário).

Feitiços de Controle

Este feitiço é para impedir alguém de machucar você ou aqueles que você ama. Molde uma figura do perpetrador em argila, amarre-a com um barbante repleto de nós ou com um laço, e então declare qual comportamento específico daquela pessoa está sendo atado. Em seguida enrole o boneco com um tecido macio e coloque-o em uma gaveta fechada até que o problema se resolva ou a figura se desfaça. Outra alternativa seria escrever o nome do agressor com tinta vermelha em um pedaço de papel, fazer um x em cima do nome e deixá-lo por três meses na parte mais fria do seu congelador.

Magia das Velas

Em uma vela apagada, entalhe o seu símbolo astrológico, palavras, nomes ou desejos, utilizando um abridor de cartas, agulha, ponta de faca ou qualquer instrumento pontiagudo. Outra opção é desenhar símbolos invisíveis na cera com o dedo indicador de sua mão dominante. A seguir, acenda a vela, liberando o poder da mensagem escolhida ou do seu signo do zodíaco e, conforme a cera derrete, queimando e se extinguindo — banindo aquilo que você deseja remover de sua vida —, diga *Que [aquilo que deseja banir] suma com o apagar desta luz.*

SÍMBOLOS ASTROLÓGICOS E MAGIA DAS VELAS

Na cera de uma vela, entalhe o símbolo do signo do mês, ou de qualquer outro signo do zodíaco de cujas energias você precisa. Por exemplo, entalhe o símbolo do leão em uma vela dourada para alcançar liderança ou fama. O poder é sempre maior no mês do seu próprio signo solar.

ÁRIES • O Carneiro • 21 de março – 20 de abril • Vermelho
Para todas as questões envolvendo o Eu e a identidade, inovação, assertividade, coragem e ação.

TOURO • O Touro • 21 de abril – 21 de maio • Verde ou Rosa
Para beleza, harmonia, questões materiais, segurança, paciência e persistência.

GÊMEOS • Os Gêmeos Celestiais • 22 de maio – 21 de junho • Amarelo ou cinza-claro
Para comunicação, aprendizado, escolhas, versatilidade, viagens de curta distância e reflexão.

CÂNCER • O Caranguejo • 22 de junho – 22 de julho • Prata
Para o lar e a família, fertilidade, maternidade, proteção, amor, amizade e desejos.

LEÃO • O Leão • 23 de julho – 23 de agosto • Dourado
Para fama e fortuna, liderança, prazeres sensuais, artes e casos amorosos.

VIRGEM • A Donzela • 24 de agosto – 22 de setembro • Verde
Para a eficiência, trazer ordem ao caos, autoaperfeiçoamento, atenção aos detalhes, saúde e cura.

LIBRA • A Balança • 23 de setembro – 23 de outubro • Azul
Para a lei e a justiça, equilíbrio entre escolhas e prioridades, harmonia e reconciliação e carisma.

ESCORPIÃO • O Escorpião • 24 de outubro – 22 de novembro • Índigo ou Borgonha

Para aumentar a intuição, paixão e sexo, guardar segredos, ambições urgentes e para reivindicar aquilo que é seu por direito em quaisquer áreas da vida.

SAGITÁRIO • O Arqueiro • 23 de novembro – 21 de dezembro • Laranja e Turquesa

Para otimismo, novas perspectivas, viagens de longa distância e mudanças, empreitadas criativas e expansão dos horizontes.

CAPRICÓRNIO • A Cabra • 22 de dezembro – 20 de janeiro • Marrom ou Preto

Para cautela, atingir ambições por meio da perseverança, autoridade, lealdade, aquisições, preservação de dinheiro e propriedade.

AQUÁRIO • O Aguadeiro • 21 de janeiro – 18 de fevereiro • Roxo ou Azul-marinho

Para independência, amizade, inventividade, perspectivas originais, desapego emocional e altruísmo.

PEIXES • O Peixe • 19 de fevereiro – 20 de março • Branco ou Malva

Para aumento do despertar espiritual e intuição, imaginação, dons espirituais e realização de sonhos secretos.

MAGIA DOS NÓS

Uma série de três, sete ou nove nós pode ser usada para atrair magia, desde que a cada nó atado sejam ditas palavras de poder. Os nós agem como depósito de energias que podem ser liberadas ao se desatar um nó por dia. Para feitiços de amor, por exemplo, utilize um barbante vermelho para atar duas imagens juntas, cara a cara.

MAGIA DO CLIMA

Usando giz, escreva em uma superfície ao ar livre palavras de dor e perda, e use a água da chuva para apagá-las. Você também pode escrever as palavras em papéis e colocá-los em árvores e colinas, ou escrevê-las em folhas secas, aproveitando a força do vento que pode assoprar essas mensagens para longe.

CORES

As cores podem ser usadas magicamente por intermédio de velas, flores e cristais. Você também pode utilizar saquinhos coloridos contendo ervas e cristais mágicos.

Branco para propósitos múltiplos, rituais de atração e magia no ambiente de trabalho.

Vermelho para atrair paixão, força, mudança, ação e superação de obstáculos.

Laranja para atrair felicidade, criatividade, independência e fertilidade.

Amarelo para dar fim ao rancor, favorecer viagens de curta distância e mudanças de lar, aprender coisas novas, atrair reflexão, conseguir empréstimos, créditos e bons negócios.

Verde para atrair compromissos no amor, almas gêmeas, boa sorte, beleza, harmonia e favorecer o meio ambiente.

Azul para atrair liderança, justiça, carreira, casamento, riquezas, viagens de longa distância e a longo prazo, mudanças de lar, entrevistas e boas notas em provas.

Roxo para obter desenvolvimento espiritual, curas, proteção psíquica, empreitadas imaginativas, largar vícios e superar medos e fobias.

Rosa para obter reconciliação, o bem-estar de crianças, cura de abusos, beneficiar o lar e a família.

Marrom para favorecer propriedades, artesanatos, organizações oficiais, bancos e finanças, saúde dos animais, obter acumulação de recursos, estabilidade e garantir bem-estar para pessoas mais velhas.

Prata para atrair intuição e potencial escondido, fertilidade, mar, lua, magia estelar, e prosperidade gradativa.

Dourado para atrair fama e fortuna, magia do sol e boa sorte, alcançar grandes objetivos e desejos se tornarem realidade.

Preto para auxiliar nos finais e términos, obter proteção contra o mal, banimento e controle.

FERRAMENTAS E MATERIAIS MÁGICOS

CRISTAIS

Comece uma coleção personalizada de cristais a fim de utilizar na magia e na cura. Quando são usados como joias ou são carregados em saquinhos de tecido, os cristais podem ter a função de amuletos de proteção ou talismãs da sorte para atrair um resultado específico.

Amazonita verde protege contra aqueles que sempre tentam tirar vantagem; atrai bons negócios e boa sorte em apostas ou especulações (assim como a **aventurina verde**); é usada em feitiços de dinheiro e ajuda a combater o bullying contra mulheres.

Ametista roxa é conhecida como a pedra curativa universal. Ela neutraliza energias negativas do lar e traz equilíbrio a pessoas e a situações; é utilizada para dar poder a mulheres mais velhas; para cerimônias de mulheres sábias e ajuda no extermínio de vícios.

Cornalina laranja fornece proteção contra o fogo, acidentes, tempestades, malevolência de todos os tipos e intrusão psíquica; auxilia no amor maduro, no sexo e na fertilidade.

Citrino amarelo protege contra pessoas negativas, atmosferas ruins e espíritos hostis; traz prosperidade, sobretudo para os negócios. Também é boa para novas empreitadas, viagens, feitiços de cura e no aprendizado de diferentes habilidades.

Quartzo transparente transforma a negatividade em raios de luz e de positividade; invoca anjos e guias espirituais; é usada em magias de atração, propósitos energéticos e magia solar. Pode ser utilizada como substituta de qualquer outro cristal.

Azeviche para estabilizar finanças, evitar dívidas; auxiliar nas questões de propriedade e atrair proteção; para pessoas mais velhas, superação de luto e para invisibilidade psíquica em situações de perigo.

Quartzo-rosa para obter um sono tranquilo e curar abusos de qualquer tipo; atrair romance, amor jovem ou novo; para reconstrução da confiança e atrair e alma gêmea (como a **jade verde**).

Sodalita para superar o medo de voar; obter justiça e relocação; obter bons resultados em provas, exames e entrevistas. Também pode ser usada durante rituais voltado para mulheres mais velhas ou mulheres sábias.

ERVAS, INCENSOS E ÓLEOS MÁGICOS

Faça uso das ervas colocando-as em uma algibeira ou cozinhando-as. Crie misturas ou faça infusões a fim de potencializar suas propriedades, como no caso dos feitiços de proteção do lar, do ambiente de trabalho ou de posses materiais. Utilize palitos de incenso, cones, ou até mesmo incenso em pó, queimando-os sobre blocos de carvão. Outra possibilidade mágica consiste em acender um palito de incenso e, com a fumaça dele, escrever símbolos e palavras de poder no ar.

Pimenta-da-jamaica para atrair dinheiro, paixão, agilidade e resolver questões urgentes.

Manjericão para obter fidelidade, prosperidade e afastar medo de voar.

Camomila e **macela** para cura, bem-estar de bebês, crianças e animais; reverter o azar. Também pode ajudar a atrair dinheiro e resolver questões familiares.

Cedro para cura e harmonia; limpeza de influências ruins, pensamentos negativos.

Canela para atrair paixão e dinheiro, despertar psíquico e recuperação de perdas financeiras.

Sangue-de-dragão para proteção feroz, antimaldição, atrair boa sorte em qualquer empreitada importante e obter potência masculina.

Funcho para atrair boa sorte em viagens, vendas de imóveis e mudanças. Ajuda a afastar o perigo de pessoas, animais e lugares.

Olíbano para obter riquezas, coragem, alegria, carreira, sucesso e viagens. Também muito utilizado em rituais formais.

Hissopo para comprometimento amoroso, cura, espiritualidade, todas as formas de proteção — especificamente relativas a ataques espirituais —, e como infusão para purificação de artefatos.

Junípero para purificação do lar e proteção contra acidentes; beneficiar a potência masculina; afastar ladrões e doenças.

Capim-limão e **limão-siciliano** para repelir o ódio, a malícia e a fofoca. Também pode auxiliar com viagens e no despertar espiritual.

Verbena para dar fim à maré de azar; atrair proteção contra a negatividade, inveja e mau-olhado.

Menta e **hortelã** para remover a negatividade de lugares e objetos; trazer dinheiro, saúde, amor e sucesso.

Murta para atrair um casamento duradouro, amor maduro, felicidade doméstica, segurança e propriedades.

Mirra para obter cura, paz, purificação e proteção contra o mal. Também pode ser usada em rituais formais e na magia lunar.

Pinho para manter o mal afastado da casa e da família, especialmente de recém-nascidos; obter purificação de negatividade e malícia, defender propriedades e seus arredores.

CORRESPONDÊNCIAS MÁGICAS

Alecrim para aprendizado, amor, fidelidade, prosperidade e banimento de malevolência.

Sálvia para atrair longevidade e boa saúde; obter bons resultados em exames, entrevistas e provas; garantir a proteção do lar e da família, o crescimento da prosperidade e sabedoria.

Sândalo para atrair o despertar espiritual, cura, liderança, justiça, recompensa e estimular a sexualidade. Pode ser utilizado em rituais formais.

Estragão para atrair coragem; antibullying; afastar o compartilhamento de fardos antigos, culpa, medos e relações destrutivas.

Tomilho para auxiliar na limpeza psíquica da casa; para atrair posses materiais, veículos, terras, saúde, lembranças de vidas passadas e para afastar os pesadelos e espíritos noturnos.

Vetiver para atrair o amor e reverter a maré de azar; proteger contra roubos e contra a negatividade.

FLORES MÁGICAS

Utilize flores de vaso, pétalas (frescas ou secas), pot-pourri, óleos essenciais ou essências florais.

Gerânio para auxiliar na resolução de conflitos domésticos e problemas no ambiente de trabalho; conseguir um primeiro ou um novo amor e atrair dinheiro.

Jacinto para a melhorar a autoestima e a reconstrução da confiança após uma traição; atrair felicidade doméstica, resplandecência e coisas belas para a sua vida.

Jasmim para atrair um amor potente, sexo sagrado e otimismo. Pode ser usado para magia lunar e magia da noite.

Lavanda para atrair amor, especialmente o amor-próprio; obter fertilidade, felicidade, saúde, proteção contra o ódio e a crueldade; reduzir o estresse e os vícios. É uma planta curativa em todas as áreas.

Cravo-de-defunto para aumento de energias positivas em um cômodo ou prédio; para proteção durante a noite e em questões domésticas; para resolução de problemas legais e de justiça; para aumento do amor e do comprometimento.

Rosa para elevar a autoestima; para curar os jovens e os muito velhos; para qualquer um que tenha sofrido abuso; para atrair dinheiro e para magias de fertilidade. A rosa é símbolo do amor e da reconciliação. Deve-se utilizar a tonalidade cor-de-rosa para um novo amor, a vermelha para o comprometimento, a amarela para o amor maduro e a branca para o amor secreto.

PERÍODOS MÁGICOS

Sempre que possível, alinhe seus feitiços e rituais a períodos mágicos. Dessa forma, eles fluirão juntamente às energias prevalecentes.

A LUA

Lua crescente

Acontece no terceiro ou quarto dia do ciclo lunar mensal. Quanto mais próximo se estiver da lua cheia, mais intensas serão as energias. Pode ser utilizada magicamente para atrair ou potencializar qualquer coisa — desde o amor até a prosperidade.

Lua cheia

O dia da lua cheia representa poder, mas também instabilidade. Astrologicamente, a lua está em oposição (no lado oposto do céu) ao sol. A noite de lua cheia também pode ser chamada de noite do *esbat*. Pode ser utilizada magicamente para necessidades urgentes, poder, mudança de sorte, fertilidade e justiça.

Lua minguante

Acontece após a lua cheia até o dia em que a meia-lua da minguante desapareça e seja substituída pela lua nova. Pode ser utilizada magicamente para banimentos de coisas indesejadas, como dores, pessoas e situações negativas.

Lua nova (também chamada de O Lado Oculto da Lua)

A lua nova aparece três dias após a lua minguante e antes que uma nova lua crescente apareça no céu. Pode ser utilizada magicamente para proteger as pessoas do perigo, para manter segredos, acabar com maus hábitos e auxiliar em momentos de transformação.

O SOL

Geralmente, há quatro períodos do sol utilizados em rituais e para lançar feitiços. A magia do sol é mais rápida e mais intensa que a magia da lua, sendo costumeiramente usada para questões que estejam em pleno andamento.

Alvorecer

O horário no qual ocorre a aurora pode variar de um dia para o outro. Pode ser utilizada magicamente para tratar de recomeços, projetos que se iniciam, melhorar a saúde, questões de carreira e para trazer boa sorte. A aurora representa o Leste e a primavera.

Meio-dia

É similar à energia da lua cheia, mas funciona de forma instantânea e concentrada. Pode ser utilizada magicamente para aumentos abruptos de poder, confiança, força, paixão, para que se receba dinheiro de forma rápida ou urgente, e para enviar energias de cura para enfermidades graves ou agudas. O meio-dia representa o Sul e o verão.

Crepúsculo

A hora do crepúsculo também oscila dependendo do dia. Pode ser utilizado magicamente para que haja libertação de arrependimentos, raiva, tristeza, para reduzir dores, doenças e dívidas. O crepúsculo representa o Oeste e o outono.

Meia-noite

A meia-noite corresponde ao início de um novo dia, porém suas energias sobrevivem até o alvorecer. Pode ser utilizada magicamente para fins que levam a novos começos, para contatar ancestrais sábios, para controles e banimentos de todos os tipos, para proteção psíquica e reversão de maldições. A meia-noite representa o Norte e o inverno.

OS PLANETAS E OS DIAS DA SEMANA

Cada um dos planetas rege um dos dias da semana. Lembre-se de sempre de utilizar metais, cristais, incensos e outros elementos que fortaleçam os feitiços ou rituais realizados naquele dia e que estejam associados ao planeta vigente.

Além disso, associações ao sol podem ser usadas em dias diferentes — não só aos domingos —, mas sempre que a magia do sol for realizada. As associações ligadas às segundas-feiras, por sua vez, podem ser utilizadas em todos os tipos de magia.

Se estiver evocando um arcanjo específico, procure sempre combiná-lo com o seu próprio planeta e dia da semana.

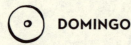

DOMINGO

Planeta: Sol.
Arcanjo: Miguel.
Cor(es): Dourado.
Elemento: Fogo.
Cristais: Âmbar, cornalina, diamante, quartzo transparente, olho de tigre ou topázio dourado.
Incenso: Cravo, canela ou olíbano.
Árvores: Loureiro ou bétula.
Ervas e óleos: Camomila, junípero, alecrim, açafrão e erva-de-são-joão.
Metal: Ouro.
Signo solar: Leão.

Para ambição, poder e sucesso; para os pais; para melhorar a saúde; para a prosperidade; para a autoconfiança; e para reverter o azar.

☾ SEGUNDA-FEIRA

Planeta: Lua.
Arcanjo: Gabriel.
Cor(es): Prateado ou branco translúcido.
Elemento: Água.
Cristais: Pedra-da-lua, madrepérola, pérola, selenita ou opala.
Incenso: Jasmim, mirra, mimosa ou limão-siciliano.
Árvores: Salgueiro ou amieiro.
Ervas e óleos: Lótus, papoula ou gaultéria.
Metal: Prata.
Signo solar: Câncer.

Para questões do lar e da família; para mulheres (especialmente mães e avós); para crianças; para animais; para a fertilidade; para segredos e dons psíquicos.

♂ TERÇA-FEIRA

Planeta: Marte.
Arcanjo: Samael ou Camael.
Cor(es): Vermelho.
Elemento: Fogo.
Cristais: Granada, heliotrópio, rubi ou jaspe-vermelho.
Incenso: Sangue-de-dragão, todos os temperos, gengibre, menta e tomilho.

Árvores: Cipreste, azevinho ou pinho.
Ervas e óleos: Manjericão, canela, coentro, alho, pimenta e estragão.
Metal: Ferro ou aço.
Signo solar: Áries (Marte também é planeta corregente de escorpião).

Para coragem e mudanças; para independência; para superar questões que pareçam impossíveis; para superar valentões que perturbam sua vida; para energia, paixão e força; para perfeição, princípios e defesa dos vulneráveis.

QUARTA-FEIRA

Planeta: Mercúrio.
Arcanjo: Rafael.
Cor(es): Amarelo.
Elemento: Ar.
Cristais: Ágata amarela, citrino, quartzo olho-de-falcão, jaspe-amarelo, malaquita ou ônix.
Incenso: Lavanda, capim-limão ou macis.
Árvores: Aveleira ou freixo.
Ervas e óleos: Endro, funcho, salsa e valeriana.
Signo solar: Gêmeos ou virgem.

Para ganhar dinheiro; para exames ou provas; para aprender coisas; para viagens de curta distância; para mudanças de imóveis; para feriados curtos; para repelir inveja, malícia, ódio ou falsidade.

♃ QUINTA-FEIRA

Planeta: Júpiter.

Arcanjo: Saquiel.

Cor(es): Azul ou roxo.

Elemento: Ar.

Cristais: Azurita, lápis-lazúli, sodalita ou turquesa.

Incenso: Agrimônia, cedro, sândalo e sálvia.

Árvores: Faia, carvalho ou freixo.

Ervas e óleos: Borragem, potentilha, unha-de-cavalo, hissopo e visco.

Metal: Estanho.

Signo solar: Sagitário (Júpiter também é planeta corregente de peixes).

Para expansão, carreira e liderança; para viagens de longa distância e mudanças de imóveis; para justiça; para o casamento; para trabalhos autônomos; para a lealdade; para a potência masculina; para banimento de excessos.

SEXTA-FEIRA

Planeta: Vênus.
Arcanjo: Anael.
Cor(es): Verde ou rosa.
Elemento: Terra.
Cristais: Ametista, mercúrio, esmeralda, jade, ágata-musgo ou quartzo-rosa.
Incenso: Gerânio, rosa, morango e verbena.
Árvores: Amendoeira, macieira e bétula.
Ervas e óleos: Matricária, artemísia, poejo, verbena e mil-folhas.
Metal: Cobre.
Signo solar: Touro ou libra.

Para todo tipo de magia do amor, fertilidade, fidelidade e sexo sagrado; para resolver brigas; para o meio ambiente; para a saúde feminina; para o crescimento gradual em todas as questões; para a beleza; para a amizade; para reduzir a influência de amantes destrutivos e acabar com a possessividade.

SÁBADO

Planeta: Saturno.
Arcanjo: Cassiel.
Cor(es): Marrom, preto ou cinza.
Elemento: Terra.
Cristais: Hematita, azeviche, magnetita, obsidiana ou quartzo-fumê.
Incenso: Acônito, cipreste e patchouli.
Árvores: Abrunheiro ou teixo.
Ervas e óleos: Álamo, bistorta, confrei, cavalinha e selo-de-salomão.
Metal: Chumbo ou peltre.
Signo solar: Capricórnio (Saturno também é o planeta corregente de aquário).

Para negócios inacabados; para dar fim às coisas; para questões oficiais estagnadas; para localizar objetos perdidos; para localizar pessoas ou animais perdidos; para acabar com vícios e dívidas; para sair da depressão; para dores e doenças; para proteção psíquica a longo prazo; para estabelecer limites.

ÍNDICE REMISSIVO

A

Alban Arthuran 95
Alban Eiler 92
Alban Elued 94
Alban Heruin 93
altares 13, 14, 15, 16, 17, 18,
19, 20, 21, 22, 23, 101
   ferramentas 15, 16,
     17, 18, 19, 20
   ferramentas e
     materiais 14, 15
   formas 13
   limpeza após o ritual 23
   preparação 20
   purificação, potencialização
     das ferramentas 20, 21, 22
   tecido para cobrir os 13
   tesouros do coven 101
   visão geral sobre 13
animais/pássaros, elementos
   e 37, 39, 41, 43
Arcanjo (elementais, dias da
   semana) 36, 39, 41, 43, 116,
   117, 118, 119, 120, 121
árvores
   fases da lua e 114
   planetas, dias da semana e
     116, 117, 118, 119, 120, 121
   posição do sol e 115
associações de cores (elementais,
   magia, dias da semana) 36,
   38, 40, 43, 107, 108, 116,
   117, 118, 119, 120, 121
associações naturais (elementais)
   36, 37, 38, 39, 40, 41, 42, 43, 44
athame/punhal 16, 69, 70

B

banimento, magia de 104
Beltane ou Beltaine 91, 92

C

caldeirão 19
cálice 17
cálice e lâmina ritualística,
   substituições e 69, 70
Carga da Deusa 77, 78, 79, 80, 81
Carga do Deus 84
casamento sagrado 76, 85, 86, 87
círculo, traçando o 25, 26,
   27, 28, 29, 30, 32, 33
   círculo físico 29
   destraçando o círculo 33
   elementos como guias 45
   em rituais 27, 28, 64, 65
   guardiões elementais 46
   preparação para 26
   simbólico 30
   tamanho do círculo 27
   visão geral sobre 25
   visualizando o círculo
     de luz 32
clima, magia do 107
covens 97, 98, 99, 100, 101
criatura, elementais 36, 38, 40, 43
cristais, associações (elementais,
   dias da semana) 116, 117,
   118, 119, 120, 121
cristais, associações (elementos,
   dias da semana) 37, 39, 41, 43
cristais, tipos/propriedades
   108, 109

D

deidades por elemento
   36, 39, 41, 43
Deus
   Carga do, criando
     e usando 84
   Casamento Sagrado
     e 76, 84, 85, 86, 87
   Deusa e 83
   velas do altar e 14
Deus 83, 84, 85
Deusa 75, 76, 77, 78, 79, 80, 81
   Carga da 77, 78, 79, 80, 81
   Carga do, criando
     e usando 85
   Casamento Sagrado 76
   Casamento Sagrado
     e 85, 86, 87
   Deus e 83
   e Deus 85
   fortalecendo a Deusa
     interior 77
   incorporando os
     poderes da 77
   Mãe de Todos 76
   poder da Deusa da Lua 80, 81
   velas do altar e 14
   visão geral sobre 75
dias da semana, correspondentes
   mágicos 116, 117,
   118, 119, 120, 121

E

elementos 35, 36, 37, 38, 39, 40,
   41, 42, 43, 44, 45, 46, 47, 48
   abrindo os quadrantes 47, 48
   correspondências da
     Água 43, 44, 117
   correspondências da Terra
     36, 37, 38, 120, 121

correspondências do Ar 38, 39, 40, 118, 119
correspondências do Fogo 40, 41, 42, 116, 117
descobrindo seu guardião elemental 46, 47
dias da semana correspondentes 116, 117, 118, 119, 120, 121
Éter/Akasha/Espírito e 35
guia para traçar o círculo 45
os guardiões dentro do círculo 46
velas que representam no altar 15
visão geral sobre 35
energia/poder, elemental
elevando os elementos 36, 38, 40, 43
energias/poder, elemental
aumentando o poder dos feitiços 55, 56, 57, 58
liberando o poder 58, 69
equinócios 89, 92, 94
ervas mágicas 110, 111, 112, 116, 117, 118, 119, 120, 121
espadas 16, 17
estações do ano, associações elementais 36, 38, 40, 43

F

feitiços
cerimônias Wicca e 51, 52
comparado a rituais 51, 52
criando e lançando 51, 52, 53, 54, 55, 56, 57, 58, 59
Livro das Sombras e 52, 71, 81, 83, 91, 103
passo 1, definindo o propósito 53, 54
passo 2, preparando o cenário 54, 55

passo 3, colocando as energias em movimento 55
passo 4, expandindo e intensificando o poder elemental 55, 56, 57, 58
passo 5, maneiras de liberar o poder 58
passo 6, concluindo o feitiço 59
visão geral sobre 51
ferramentas
associações elementais 36, 38, 40, 43
limpeza após o ritual 23
preparando o altar com 14, 15, 16, 17, 18, 19
purificação e potencialização 20, 21, 22
tesouros do coven 101
festivais 89, 90, 91, 92, 93, 94, 95
flores mágicas 113
fragrâncias, associações (elementais/incensos/ervas/ óleos/dias da semana) 15, 37, 39, 41, 44, 110, 111, 112, 113, 116, 117, 118, 119, 120, 121

G

Grande Sabá 91
Guardiões, elementais 46, 47

I

Imbolc 91

L

Litha 93
Livro das Sombras 52, 71, 81, 83, 91, 103

lua
diário da 100
fases (crescente, cheia, minguante, nova) 114
períodos mágicos 114
puxando a lua para baixo 80, 81
segunda-feira 117
Lughnasadh/Lammas 93
luz, visualização do círculo 32

M

Mabon 94
mãe de todos 76
magia
clima 107
covens para 98, 99, 100, 101
de atração/simpatias 103
de banimento 104
de controle 104
dedicação ao caminho 10, 11
definição e uso 10
dos nós 107
trabalhando em um coven 97
trabalhando só 98
velas 104, 105, 106
materiais, associações elementais 37, 40, 42, 44
metais, dias da semana e 116, 117, 118, 119, 120, 121

O

Oimelc 91
óleos 110, 111, 112, 116, 117, 118, 119, 120, 121
Ostara 92

123

P

pentagrama/pentáculo
abrindo os quadrantes 47
convidando os sábios 67
desenhando 48
posições elementais
37, 39, 41, 43
saudando os Guardiões 47
sobre 17, 18
uso ritualístico 47, 66, 67
período do dia/vida, associações
elementais 36, 38, 40, 43
períodos mágicos 114, 115
planetas, associações
elementais 38, 40, 42, 44
planetas, dias da semana
correspondentes 116,
117, 118, 119, 120
purificação, potencialização do
altar e das ferramentas 20, 21, 22
puxando a lua para baixo 80, 81

Q

quadrantes, abrindo os 47, 48
quadrantes, fechando os 71, 72
qualidades positivas, associações
elementais 37, 39, 41, 44

R

rituais 61, 62, 63, 64, 65, 66,
67, 68, 69, 70, 71, 72
abrindo os quadrantes 47, 48
materiais utilizados 14, 16
purificando e
potencializando as

ferramentas 20, 21, 22
traçando o círculo 25, 26
visão geral sobre 61, 62
rituais de oferenda 62, 63, 64,
65, 66, 67, 68, 69, 70, 71, 72
1, preparando a área
do ritual 63
2, marcando o início do
ritual formalmente 64
3, traçando o círculo 64, 65
4, abrindo quadrantes
65, 66, 67
5, convidando os sábios 67
6, definindo o propósito
cerimonial do ritual 68
7, o corpo do ritual 68
8, liberando o poder/a
resolução 69
9, o rito do cálice e
da lâmina 69
10, substituindo o cálice/
lâmina por bolo/
cerveja 69, 70
11, devolvendo as energias 71
12, fechando os
quadrantes 71, 72
13, destrancando o círculo 72
14, após o ritual 72
preparação pré-
ritualística 62
Roda do Ano 89, 90,
91, 92, 93, 94, 95

S

Sabá, grandes e menores
89, 91, 92, 93, 94, 95
sábios, convidando os 46
Samhain 91, 94
sentidos, associações
elementais 36, 38, 40, 43
signos astrológicos 38, 40,

42, 44, 105, 106, 116, 117,
118, 119, 120, 121
simpatias 103
sinos, simbolismo e uso 19
solstícios 89, 93, 95
substâncias, sagradas de cada
elemento 36, 37, 38, 40, 43

T

taró, naipes elementais 36, 38, 40, 43

V

varinhas 18
velas
cores/efeitos 54, 107, 108
elementais 15
magia, zodíaco e 105, 106
para o altar 14
vento, guardiões elementais
do 36, 38, 40, 43
visualizando o círculo de luz 32

W

wiccanos, quem são 9
Wicca, origem e evolução 7, 8

Y

Yule 95

Z

zodíaco, velas mágicas e 105, 106

CASSANDRA EASON é psicóloga e uma das autoras mais prolíficas e populares de nossa época, escrevendo sobre todos os campos da espiritualidade e da magia. Ela também é palestrante e organiza workshops em todo o mundo sobre todos os aspectos do paranormal. Durante os últimos quarenta anos, escreveu mais de 130 livros, muitos dos quais foram traduzidos para vários idiomas, incluindo japonês, chinês, russo, hebraico, português, alemão, francês, holandês e espanhol. Eason tem cinco filhos e quatro netos, os quais considera sua maior alegria e conquista. Atualmente mora na Isle of Wight, na costa sul da Inglaterra. Saiba mais em cassandraeason.com

MAGICAE
DARKSIDE

MAGICAE é uma coleção inteiramente dedicada aos mistérios das bruxas. Livros que conectam todos os selos da **DarkSide® Books** e honram a magia e suas manifestações naturais. É hora de celebrar a bruxa que existe em nossa essência.

DARKSIDEBOOKS.COM